创造价值
取悦自己

——CuiJo

参与编写人员

高泽林　张志超　桂　新　费志明　袁　鸣　陈　铎
钱季菲　林粒粒　孙一璠　方灿铭　庄　莹　王先地
李松兴　李绍隆　张剑堃　石玫铱

ChatGPT
+DALL·E 3
+GPTs

AI商业模式
应用实战

李艮基　胡凌鹏◎编著

化学工业出版社

·北京·

内 容 简 介

本书是一本全面探讨GPT模型及其在商业应用中的实用指南。首先介绍了GPT模型的基础知识，包括ChatGPT的发展历程、成功运行的关键因素、训练方法及其新版本GPT-4o的创新点，并分析了这些技术对AI行业、社会和个人生活的深远影响。此外，本书深入探讨了提示词的使用技巧和策略，帮助读者优化与ChatGPT的互动。

在实际应用方面，本书展示了ChatGPT在信息检索、教育、翻译、学术研究、求职招聘、自媒体创业、高效办公、数据开发、财务、法律和医疗等多个领域的具体操作方法，每个场景均配有实用的模板。书中还介绍了创建与使用GPTs的方法，推荐了一系列实用的GPTs工具，帮助用户在不同领域实现高效创作和工作。此外，书中还探讨了DALL·E 3在创意设计中的多种应用，并展望了通往人工通用智能（Artificial general intelligence，简称AGI）的未来，讨论了人类在AI时代的独特价值和面对AI的应对策略。整体而言，这本书不仅适合AI研究者和开发者，也为各行业的从业者提供了丰富的应用实例和操作指南，是一本实用性极强的图书。

图书在版编目（CIP）数据

ChatGPT+DALL·E 3+GPTs AI商业模式应用实战 / 李艮基，胡凌鹏编著. -- 北京 : 化学工业出版社，2024.11. -- ISBN 978-7-122-46517-7

Ⅰ. F71-39

中国国家版本馆CIP数据核字第2024RM8499号

责任编辑：杨 倩 李 辰　　　　　　　　　封面设计：王娇月
责任校对：张茜越　　　　　　　　　　　　装帧设计：盟诺文化

出版发行：化学工业出版社（北京市东城区青年湖南街13号　邮政编码100011）
印　　装：中煤（北京）印务有限公司
710mm×1000mm　1/16　印张9¹/₂　字数190千字　2025年1月北京第1版第1次印刷

购书咨询：010-64518888　　　　　　　　　售后服务：010-64518899
网　　址：http://www.cip.com.cn
凡购买本书，如有缺损质量问题，本社销售中心负责调换。

定　　价：68.00元

前　言

一本能够讲清楚人工智能的图书，在人工智能高速迭代的当下，并不需要多么高深莫测的语言或知识彰显学识，而是用最简单的语言把复杂的知识体系凝练成一本通俗易懂的操作手册。人工智能给世界带来的冲击，让我们有很多可以讨论的话题。而在这里，我浅谈在AI瞬息万变中给我带来深刻印象的几件小事，希望能给到大家一点启发。

Nature（《自然》）子刊Scientific reports（《科学报告》）上有一篇报道，人工神经网络信号与人脑电波信号非常匹配，人工神经网络（Artificial neural network，简称ANN）的学习方式与人脑极为相似。至少在处理语言这块上，机器似乎更像人了。当代AI最独特的地方就是，虽然这个技术是模拟人类的大脑工作原理出现的，但是AI的思路，总是不同于人类的理性思维，它总是能找到人类理解范围之外的神奇解决方案，在这个维度上，机器似乎也不太像人。

我们对AI最初的印象，最家喻户晓的就是AlphaGo了，当时我留意到一个有意思的细节，AlphaGo并不是使用人类棋手的棋谱训练，而是不断自己跟自己对弈，来训练国际象棋和围棋，最后轻松击败人类职业棋手。这就很有意思了，这意味着他能走出很多人类感觉莫名其妙甚至匪夷所思的走法。我自认为下了很多年国际象棋，对常见的走法也都有些许了解，但每次看AlphaGo走着走着就很随意地放弃皇后这样重要的棋子，我总会感到困惑。然而更令我困惑的就是，它也总能在最后，莫名其妙地获胜。看AI的离谱操作才让我深刻意识到，我对那种未知的思维方式一无所知。

所以在本书的第一部分中，我们将先和大家讲解一下AI是怎样思考的。2024年5月OpenAI公司发布了其最新旗舰大语言AI模型——GPT-4o。GPT-4o能够以接近人类反应时间的速度对音频输入做出反应，平均响应时间为320毫秒，人机交互变得更加流畅自然。我们将从大模型的基础知识入手，介绍GPT模型的工作原理，包括其训练过程和生成文本的机制。比如GPT模型（生成式预训练模型）是如何通过大量数据训练生成自然语言文本，并广泛应用于各种场景的。GPT系列模型和DALL·E 3等创新工具正在从娱乐逐步迈向商用领域。这些工具不仅改变了人们的日常互动方式，也为企业和个体提供了前所未有的可能性。本书旨在详细讲解这些先进的人工智能技术的原理、应用和未来的发展潜力，帮助读者更好地理解和利用这些工具。

在本书的第二部分，我们将详细介绍如何向ChatGPT提出问题以获得最佳答案，包括使用明确、具体的语言和提供足够的上下文。同时，我们会分析常见的提问错误，帮助读者避免这些操作陷阱，从而提高提问效率，获得符合我们需求的答案。高级提问技巧能够进一步提升GPT模型的实用性。我们将探索更复杂的提问策略，如使用假设性语言、限定范围和深入探究特定主题。通过真实案例分析，展示这些高级技巧在实际应用中的效果，帮助读者更全面地掌握与GPT模型的互动方法。

本书的第三部分将讲解如何利用GPT模型生成高质量的文案，包括广告文案、社交媒体帖子和博客文章。此外，我们还会讨论如何编辑和改进GPT生成的文本，以更好地适应特定的受众和满足文案的使用目的。在创意写作和故事讲述方面，GPT模型同样展现了巨大的潜力。我们将探索其在小说、剧本和游戏剧情创作中的应用，分析如何结合人类创造力和GPT的生成能力，创作出独特且引人入胜的内容。

在本书的第四部分，我们将详细介绍DALL·E 3的功能，并探讨其在商业、艺术和娱乐领域的应用技巧，展示这种技术如何改变视觉创作的方式。接着，我们将介绍十个最受欢迎的GPT插件及其用法。这些插件不仅扩展了GPT模型的功能，还提供了更多定制化的解决方案，满足不同用户的需求。

最后一章将探讨GPT模型和DALL·E 3在新商业模式、数据服务、智能探索、办公工具、教育辅助和智慧营销等多个领域的应用场景。通过具体案例分析，我们展示了这些技术如何在实际中发挥作用，并展望了它们的未来发展方向。

本书不仅是一部技术指南，更是一本启发读者思考和探索AI技术应用可能性的读物。希望通过本书，读者能够深入理解这些先进工具的原理和应用技巧，并在自己的工作和生活中灵活运用这些技术，创造更多的价值和可能性。

最后，我想引入《人工智能时代与人类未来》中的一段文字当作结尾：

从人的智能到人工智能之变，不但比信息革命重要，而且比工业革命重要——这是启蒙运动级别的大事件。

目 录

第 1 章
GPT 模型基础

OpenAI发布的ChatGPT对话模型，引起了人工智能（Artificial Intelligence，简称AI）领域的轰动。这个模型可以流畅地回答各种问题，似乎突破了人与机器之间的界限。过去几年来，各种大型语言模型（Large language model，简称LLM）已经展现出了根据人类输入的提示生成多样化文本的能力，给人留下了深刻的印象。

1.1　ChatGPT 的发展简史

GPT的迭代历程如图1-1所示。

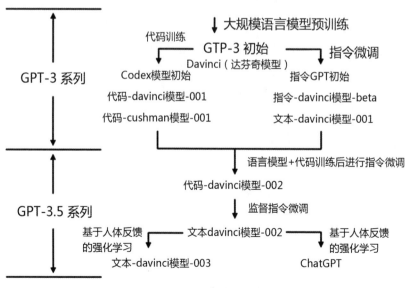

图 1-1　GPT 的迭代历程

除了按照图1-1中所示的通过技术迭代展示GPT发展历程，还可以按照时间线展开。

2015年，OpenAI公司成立，通过先进的人工智能技术推动人工智能领域的发展。

2017年，OpenAI推出了第一个版本的GPT（Generative Pre-trained Transformer）模型，该模型是一个基于Transformer架构的预训练语言模型，具有生成文本的能力。

2018年，OpenAI公布了GPT-2，这是一个更强大的版本，具有高质量的自然语言生成能力，因为其能够从海量的数据中提取知识和语言规则。

2019年，OpenAI宣布放弃GPT-2的完整版本，只发布了部分模型，这是因为OpenAI认为GPT-2可能会被恶意使用。同时，OpenAI发布了GPT-2的API，允许研究人员和企业使用该技术。

2020年，OpenAI发布了GPT-3，这是当前最先进的自然语言生成模型。GPT-3具有1.75万亿个参数，使其能够生成高质量的自然语言文本，并且可以执行各种任务，如翻译、摘要和问答等。

2021年，OpenAI宣布将推出一个新的名称，名为"DALL·E"，这是一种能够生成图像的人工智能技术。

2022年1月，OpenAI公司发布了ChatGPT 3.0，这是一个基于GPT-3模型的聊天机器人，可以进行自然、流畅的对话，并且可以回答各种类型的问题。

2023年3月15日，OpenAI公司发布了其下一代大型语言模型GPT-4，这是其支持ChatGPT和新必应等应用程序的AI大型语言模型，相比ChatGPT（GPT-3.5）有了质的飞跃。

OpenAI公司的目标是不断改进和推进ChatGPT的性能、可用性和安全性，以便更好地满足用户的需求。他们通过不断地研究和创新，以及与社区和用户的合作，不断推动语言模型的发展，使其能够更好地服务于广大用户。

1.2 是什么让 ChatGPT 成功运作

人类语言及生成语言涉及的思维过程，一直被视为复杂性的巅峰。事实上，人类大脑仅1000亿左右的神经元（或许有1万亿）就能够担当起这个任务，这看起来有些惊人。科研人员认为大脑不仅是由神经元网络构成的，还存在着一些未被发现的新物理层面。但是，现在有了ChatGPT，一个拥有与大脑神经元数量相当的连接纯人工神经网络的机器，能够惊人地生成人类语言。

ChatGPT是一个庞大而复杂的系统，其神经网络权重数量大约与当前世界上可用文本的单词数量相同。

ChatGPT运作的核心有以下6个方面。

·Transformer架构：ChatGPT基于Transformer架构，这是一种基于自注意力机制的深度学习模型。Transformer架构在自然语言处理任务中取得了显著的突破，它能够处理长距离依赖关系，并且在生成连贯的文本方面表现出色。

·大规模预训练：ChatGPT通过在大规模的文本数据上进行预训练，学习了丰富的语言知识和模式。这使得模型能够理解和生成自然语言，并具备广泛的背景知识。

·多样化的预训练数据：ChatGPT使用了来自互联网的大量文本数据进行预训练，这些数据涵盖了各种主题和领域，使得模型能够具备广泛的语言理解和表达能力。

·微调和交互式训练：在预训练之后，ChatGPT通过与用户的交互进行微调和训练。这种交互式训练方式使得模型能够理解用户的需求和联系上下文，并提供更加个性化和准确的回复。

·大规模计算资源：训练和部署ChatGPT需要大规模的计算资源，例如高性能的图形处理单元（Graphics processing unit，简称GPU）和分布式计算集群。这些计算资源的可用性和效率提高了训练速度和模型性能。

·持续地研究和改进：OpenAI团队持续进行研究和改进，不断优化ChatGPT的性能和功能，他们通过不断地学习和探索新的技术和方法，使得模型能够不断进步和适应不同的应用场景。

1.3　ChatGPT 背后的训练方法

ChatGPT采用了一种新的训练方法，称为基于人类反馈的强化学习（Reinforcement Learning from Human Feedback，简称RLHF），这是一种基于强化学习的训练范式，根据人类的反馈来优化语言模型。通过RLHF，可以使训练在通用文本语料库上的语言模型与复杂的人类语言保持一致。

RLHF是一项涉及多个模型和不同训练阶段的复杂概念，可以分为3个主要步骤：

　　·预训练一个语言模型（Language model，简称LM）。

　　·聚合问答数据并训练一个奖励模型（Reward Model，简称RM）。

　　·用强化学习（Reinforcement learning，简称RL）的方式微调LM。

1.3.1　预训练语言模型

　　预训练语言模型的过程是构建一个能够理解和生成自然语言的基础过程。这一阶段的目标是让模型学习语言的普遍用法，包括词汇、语法、句式结构及语境等，预训练通常涉及以下步骤。

　　·数据收集：收集大量文本数据，这些数据包含各种语言使用场景，可以是来自书籍、网站、论坛的公开文本。

　　·模型选择：选择一个合适的模型架构，通常是基于Transformer的模型，因为它们在处理序列化数据，尤其是文本数据方面表现出色。

　　·训练任务：通过让模型对预测文本中下一个单词的任务进行训练。在这个过程中，模型逐渐调整其内部参数，以便于准确地预测下一个单词。

1.3.2　聚合问答数据并训练一个奖励模型

　　奖励模型的训练是为了评估语言模型生成的内容质量。这一阶段的目标是创建一个能够区分高质量回答与低质量回答的模型，这个过程如下。

　　·数据聚合：收集特定任务（如问答任务）的数据，包括人类生成的问题和答案，以及模型生成的答案。

　　·奖励模型训练：使用聚合的数据训练奖励模型。这个模型学习如何根据人类的偏好或标准来评价回答的质量，从而能够给出每个回答的"奖励"分数。

1.3.3　强化学习微调

　　强化学习微调是在预训练的基础上，根据奖励模型的反馈来进一步优化语言模型的过程。这一阶段的目标是让模型产生更符合人类偏好的输出，这个过程涉及以下方面。

　　·策略学习：模型通过尝试不同的答案并接收奖励模型的反馈来学习。基于这个反馈，模型调整了其生成答案的策略，以获得更高的奖励。

　　·环境交互：模型在一个模拟的环境中学习，这个环境提供了问题的输入和奖励模型对生成答案的评价。

·性能优化：通过不断地实验和学习，模型逐渐优化其生成答案的能力，以利于从奖励模型中获得总奖励的最大化。

1.4　GPT-4o 相对于 GPT3.5 和 GPT4 的创新点

2024年，ChatGPT再次在人工智能领域掀起了轩然大波，GPT-4o强势上线（图1-2），并对全部用户免费开放。如果说GPT-4给人工智能赋予了大脑，让人工智能能够理解知识，那么GPT-4o则赋予了人工智能眼睛、耳朵、嘴巴，让它能够看懂世界，听明白人说的话，并能够准确恰当地回答人们提出的问题。除了智力的提升，GPT-4o最重要的是交互能力的提升。

图 1-2　GPT-4o 的全新界面

在技术层面，GPT-4o在多个方面对GPT-3.5进行了改进和优化，不仅提高了模型的规模和复杂性，还增强了多模态处理能力、训练方法、推理效率和微调能力。同时，GPT-4o在安全性和伦理方面也有了更严格的考量，使其在实际应用中更加可靠和安全。

GPT-3.5、GPT-4和GPT-4o在功能上存在一定的差异，GPT-3.5的核心能力主要聚焦于文本处理和生成任务，功能虽然较为基础，但已具备强大的语言处理能力。GPT-4在模型规模、性能、上下文理解、多模态处理和微调等方面进行了显著改进，以适应更多复杂的任务和应用场景。而GPT-4o在各方面都进行了进一步的优化和扩展，具备更全面的多模态处理能力、更强的上下文理解和生成能力、更高的性能和效率，以及更安全和智能的内容过滤机制，适用于更广泛和复杂的应用场景。

※ 模型的规模与复杂性

GPT-3.5包含1750亿参数，是基于Transformer架构的大规模预训练语言模型，具备强大的文本生成能力；GPT-4进一步扩大了模型规模，提高了模型的深度和复杂性，这使得模型能够捕捉和生成更复杂的语言模式和内容，具有更强的文本生成和理解能力，初步支持多模态处理；而GPT-4o的模型规模更大，参数数量大幅增加，进一步提升了模型的表达能力和处理复杂任务的能力，支持更多层次和参数，引入了全面的多模态处理能力，包括文本、图像、音频等，具备更强的上下文理解和生成能力。

※ 多模态能力

GPT-3.5的核心能力是处理文本数据，虽然可以与其他模式的数据结合使用，但本身不具备多模态处理能力；GPT-4则引入了初步的多模态处理能力，但功能有限；而GPT-4o则引入了多模态学习能力，能够同时处理文本、图像、音频等多种类型的数据，显著提升了应用范围和灵活性。

※ 训练数据与方法

GPT-3.5的训练数据主要包括大量的互联网文本数据，使用传统的无监督学习方法进行预训练；GPT-4在无监督学习的基础上，引入了一些有监督学习的元素，以增强模型在特定任务上的表现；而GPT-4o不仅扩大了训练数据的多样性和规模，还引入了更先进的训练方法，例如混合无监督和有监督学习、自适应学习等，使得模型在特定任务上的表现更为优异。

※ 推理能力与效率

GPT-3.5虽然在推理方面已经表现出色，但在处理非常复杂或上下文依赖性强的任务时，仍然可能遇到瓶颈；GPT-4进一步改进了性能和效率，尤其是在处理长文本和复杂任务方面有所提升，在连续对话和长文本生成中表现更好；而GPT-4o则通过优化模型架构和引入更高效的计算技术，显著提高了推理速度和效率，同时在处理复杂任务和长上下文时表现更为稳定。

※ 微调与自适应能力

GPT-3.5支持微调，但微调过程可能需要较大的计算资源和较长的时间；GPT-4在微调过程有所简化，但仍需较多资源；GPT-4o则增强了微调和自适应能力，能够更快速和高效地开展任务特定的微调，适应各种不同的应用场景。

※ 安全性与伦理考虑

GPT-3.5已经有一定的安全性和伦理考虑，但在实际应用中仍存在一些风险和挑战；GPT-4改进了内容过滤机制，但依然存在一些漏洞；GPT-4o则更加注重安全性和伦理问题，结合了最新的研究成果，制定了更严格的使用规范和防护机制，降低误用和滥用的风险。

※ 应用场景与集成支持

GPT-3.5的用户界面较为基础，集成工具有限；GPT-4进行了一定的优化，但并没有明显优势；GPT-4o提供了更友好的用户界面和更丰富的集成工具，支持更多的第三方平台和应用集成，不仅更易上手，也适用于更广泛的应用场景和更复杂的集成需求。

1.5 ChatGPT 对 AI 行业有什么影响

ChatGPT惊艳的原因并非模型学习，而是交互方法向人类看齐。传统的语言模型通常是通过预训练和无监督学习来学习语言知识和模式的，然后在特定任务上进行微调。这种方式使得模型能够生成连贯的文本，但在对话方面可能存在一些困难，如理解上下文、回应个性化需求等。ChatGPT则采用了一种交互式的训练方法，通过与用户进行对话和反馈来微调模型。这种交互方法使得模型能够根据用户的问题和上下文进行适应和调整，提供更加个性化和准确的回复。这种对齐的交互方法使得ChatGPT的回答更贴近人类的思维和表达方式，给人一种仿佛在与真人对话的感觉。

未来在计算机视觉（Computer Vision，简称CV）和自然语言处理（Natural Language Processing，简称NLP）领域都会基于这个思路使模型的输出与人类的偏好看齐。

1.6 ChatGPT 对社会有什么影响

从本质上看，ChatGPT只是信息的聚合，或者说更高效的搜索方法。当用户提出问题或输入对话时，ChatGPT会将这些输入信息传递给模型进行处理。模型通过对输入信息进行聚合和编码，以获取问题或对话的语义内容和上下文信息。然后，模型在预训练的知识和模式的基础上，通过搜索方法找到最合适的回答，并生成相应的文本。

目前，我们已经看到一些可能被ChatGPT替代的职业技能，例如文案写作、语言翻译、客户服务对话及数据分析等，但这只触及了表层。要深入理解AI工具可能替代职业技能的核心，关键在于探索AI的哪些特征使得某些技能更易被替代，以及这种替代的程度，这是需要深究的关键问题。

为深入了解，可以将职业技能按可替代性分为以下3个层次：

·事实性知识。

·可编码技能。

·可描述技能。

ChatGPT技术革新的趋势提示我们，未来AI的能力将不断扩展，触及更多领域和技能。因此，对人类来说，重要的是识别和培养那些AI难以替代的独特能力，以便于在AI时代保持自身的不可替代性。

1.6.1　事实性知识

事实性知识涉及特定领域的基础信息和数据，这类知识一般是具体、静态且可验证的。例如，回答"财务报表定义"或"Python基本语法"等问题时提供的事实性知识。这类知识的获取对ChatGPT而言相对容易，因为它可以快速访问和处理大量静态信息。

1.6.2　可编码技能

可编码技能包括那些具有明确任务目标且重复性高的工作，如收银员或客服代表等。这些工作内容通常可以被转化为标准流程并由算法编码，因此容易被自动化工具替代。然而，ChatGPT的出现提高了解决长尾问题或异常情况的能力，因其能够基于海量文本数据理解并应对各种复杂的问题，这进一步推动了这些职位向全自动化转变。

1.6.3　可描述技能

可描述技能通常具有一定的复杂性和灵活性，但可以通过文字描述并由AI执行任务来辅助的工作，如初级财务分析、基础数据分析和编程等。ChatGPT展现出了理解复杂任务指令并基于其庞大知识库的高效执行能力，从而对这类技能构成了潜在威胁。

1.7　ChatGPT 对我们有什么影响

ChatGPT可以作为一个学习工具，帮助人们获取知识、解答问题和提供学习资源。它可以在教育领域发挥作用，为用户提供个性化的学习支持和辅导。ChatGPT对人们的影响是深远和多样化的。它为人们提供了新的交互方式和工具，改变了人们获取信息、学习和创作的方式。然而，大家也需要认识到其中的挑战和潜在的风险，并积极引导技术发展，以确保其对个人和社会的积极影响。

ChatGPT的出现预示着职业场景将经历以下3大颠覆性变革：

· 知识获取方式。

· 交互模式。

· 个人与企业角色的转变。

1.7.1　知识获取方式的革新

ChatGPT极大地降低了获取专业知识的门槛，使跨领域知识整合变得轻松。例如，一位推广经验丰富但并不擅长写作的人，现在可依托ChatGPT迅速掌握写作技巧，轻松创作出符合小红书等平台风格的文案，甚至搭配合适的表情符号。这不仅让一些职业壁垒消失，也挑战了安德斯·艾里克松（Anders Ericsson）提出的"10000小时理论"。通过ChatGPT的高效总结，传统的知识积累过程被大幅压缩，时间成本大减，为普通人提供了成为专家的多元化路径。

1.7.2　交互模式的转变

ChatGPT的直接对话交互让"What You Chat is What You Get"成为可能，使得无编程背景的用户也能轻松驾驭AI技术。这种互动方式降低了使用AI的门槛，让与AI的沟通像与朋友交谈般简单。ChatGPT的理解能力允许用户无须一次性提出完整的复杂问题，降低了用户的思维负担，让交流更加流畅。这种从模糊到清晰的思维转化过程，彻底改变了以往的工作方式，使得会议纪要和问题解决方案的生成更加高效。

1.7.3 个人和企业角色的重新定义

在AI新时代，职业价值的衡量将转向人机共创价值。这意味着个人的价值转化为"我加AI能做什么"。例如，设计师可以与ChatGPT共同探讨设计理念，提升提案能力。值得注意的是，ChatGPT不仅是工具，也能成为了解用户偏好和需求的数字伙伴。正如《2022年北京人工智能产业发展白皮书》所述："北京正引导多方力量围绕AI技术创新，加速构建应用生态。"这表明了人们对AI技术，尤其是ChatGPT的积极态度。

1.7.4 对各个行业的颠覆

ChatGPT尤其是GPT-4o的强大功能和多样化应用将会对医疗、教育、金融、法律、传媒、客户服务、制造、人力资源等多个行业产生深远的影响和颠覆性变革。它不仅能够提升效率和生产力，还能创造新的商业模式和机会，推动行业向智能化、个性化和高效化发展。

※ **医疗行业**

对医生而言，ChatGPT可以分析大量医学文献和病例数据，辅助医生进行疾病诊断并提供治疗建议，提高诊疗效率和准确性。

对患者而言，通过自然语言处理能力，GPT-4o强大的交互能力能够为患者提供智能咨询，帮助患者管理慢性病，提醒用药和复诊，并通过语音对话给予患者情感的抚慰。

在医学研究领域，可以加速医学研究进程，辅助科研人员进行数据分析、文献综述和论文写作，提升科研效率。

※ **教育行业**

GPT-4o可以生成个性化教学内容，回答学生的问题，提供作业和考试辅导，提升学习效率，是非常强大的智能教学助手，并且能够自动批改作业，并给出详细的反馈，减轻学生、教师及家长的负担，节省了大量的时间。通过强大的对话和互动能力，帮助学生进行语言练习，人为打造母语语言环境，提升学生的口语表达能力和写作能力。

※ **金融行业**

ChatGPT能够分析市场数据和投资组合，提供个性化投资建议，优化投资策略。通过大数据分析，预测市场风险，帮助企业和投资者制定风险防控措施。而

GPT-4o则在客户服务上给出了更优的解决方案，它能够为银行和金融机构提供智能客服，回答客户的咨询，处理投诉和业务申请，提供甚至比真人服务更周到的服务感受。

※ 法律行业

ChatGPT可以提供法律信息和建议，辅助律师进行案件分析和文书撰写，提升工作效率，根据项目情况，自动审查合同条款，发现潜在的风险，并生成标准化的合同，节省律师的时间和成本，并能够分析历史案件和判决，预测案件走向，辅助法官和律师制定策略。

※ 内容创作与传媒

ChatGPT能够通过人们提供的写作素材，撰写具有特定风格的新闻报道、博客文章和广告文案等，提高内容生产效率，并能够根据用户的兴趣和行为，训练用户独有的输出模型，提供个性化内容服务。除此之外，多模态能力使其能够生成和编辑图像与视频，丰富内容的表现形式。

※ 客户服务与销售

强大的交互能力能够帮助企业回答客户提出的常见问题，处理客户投诉，提高客户的满意度，并能够分析客户数据，提供个性化销售建议，优化销售流程，提升销售业绩，通过分析市场和消费者数据，制定出精准的营销策略和广告投放方案，提升企业营销投放的效率。

※ 制造与供应链

根据现有的设备数据情况，进行数据分析，预测设备故障，提前进行维护，减少停机时间和维修成本，并且能够通过数据分析来优化库存管理、物流配送和生产计划等，提高供应链效率，还能够自动检测产品质量问题，分析生产过程中的数据，提升产品质量。

※ 人力资源

ChatGPT能够筛选简历，评估与候选人的匹配度，提高招聘效率和准确性。根据员工培训与发展的需求，提供个性化培训内容和计划，提升员工技能和绩效，并通过分析员工数据，优化绩效评估和管理流程，提升员工满意度和留任率。

1.8 AI 大模型的局限性

虽然GPT-4等先进的大型语言模型已经在上下文对话、编程、图像理解和数据分析等方面展现出了卓越能力，向通用人工智能迈进了一大步，但是它仍面临一些局限性，这些局限性的存在需要人们通过不断地研究和改善操作方法来寻求解决方案。

·真实性和正确性的挑战：GPT-4虽然在许多领域表现出众，但在那些缺乏大量训练数据的领域中，则可能缺少足够的"人类常识"而输出错误的内容。有时，它可能"凭空创造"答案，给用户带来误导。尽管相较于早期版本，GPT-4在减少误导性输出方面已取得进步，但仍有可能给出有害建议、错误的编程代码或不准确的信息。因此，在法律、医疗等高风险领域，建议谨慎使用GPT-4，并做好核查工作。

·提升模型可解释性的需求：当前，GPT-4内部的算法逻辑仍然是一个谜，这导致人们无法完全保证其输出不会对用户造成潜在的伤害或被恶意利用。虽然OpenAI的数据显示GPT-4的错误行为率有所下降，但这些潜在的错误行为依旧可能导致错误的工作行为。

·社会和道德风险的考量：GPT-4作为一个"黑盒"模型，存在生成带有偏见、虚假信息或仇恨言论的风险，同时也可能成为黑客攻击的目标。尽管OpenAI已经实施了多项策略以降低这些风险，但GPT-4存在潜在滥用问题，如制作假新闻、垃圾邮件等有害内容。

·隐私泄露风险的存在：GPT-4能够从公开和授权的数据源中进行学习，这些数据中可能包含大量个人信息。在处理这些信息的过程中，模型可能不经意间获取并关联个人数据，从而泄露个人隐私。

总的来说，尽管GPT-4和类似的大型语言模型在推进人工智能技术方面取得了显著成就，但当前的局限性提示人们在继续发展人工智能的同时，还需对这些技术进行伦理、社会和安全的考量。

1.9 ChatGPT 网页端登录方式

注册ChatGPT通常遵循以下两种方式，具体的细节可能会根据OpenAI的更新而有所变化，以下是一个通用的注册流程。

·访问官方网站：打开浏览器，访问OpenAI的官方网站，如图1-3所示。通常，可以通过搜索OpenAI的官方网站或直接输入网址来完成。

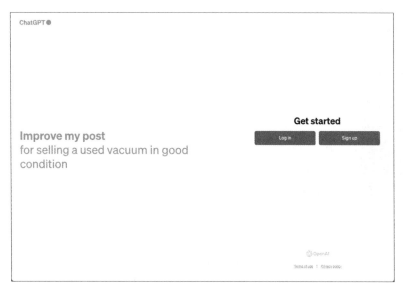

图 1-3　网页端官网

·创建账户：单击注册按钮（通常位于网页的右上角），提供一些基本信息，如电子邮件地址、用户名和密码。在某些情况下，还可能要求输入电话号码以用于验证。

·邮箱验证：在提供电子邮件地址后，系统通常会发送一封验证邮件到邮箱。打开这封邮件并单击验证链接，确认邮箱地址。这是为了确保电子邮件地址有效，防止滥用。

·选择服务计划：在注册过程中或注册完成后，用户可能会被引导选择服务计划。OpenAI提供不同级别的服务，包括免费的和高级的付费版本（如Plus计划），后者提供额外的功能和资源配额。免费的为普通账户，只能访问GPT-3.5。Plus账户同时提供GPT-3.5、GPT-4和GPTs插件的使用权。

·完善个人资料：根据指示，用户可能需要填写更多个人信息或偏好设置来完善账户。

·阅读并同意服务条款：在完成注册前，确保阅读并理解OpenAI提供服务的条款和条件，这通常包括用户协议、隐私政策等。

·开始使用：一旦完成上述步骤，就可以开始使用ChatGPT了，如图1-4所示。根据选择的服务计划，可以直接在网站或手机App上使用ChatGPT。

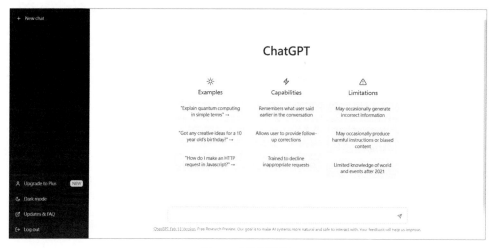

图 1-4　网页端界面

1.10　ChatGPT 手机端登录方式

　　2023年5月，OpenAI推出了ChatGPT的iOS应用，支持iPhone 8、iOS 16.1或更高版本，界面如图1-5所示。

　　手机端专注于文本交流，不支持图像或视频输出，也无法使用手机摄像头。尽管如此，它保持了与网页版相似的简洁、清晰的设计风格，以及沉浸式的聊天体验。不同之处在于，iOS应用新增了语音输入功能，用户可以通过录音输入语音，ChatGPT将语音转换为文本后再进行处理，确保无误后反馈给用户。这项功能同样支持中文，甚至能够处理中英文混杂的对话，展现出卓越的学习与识别能力。

　　ChatGPT的推出不仅跨越了语言和方言的障碍，更标志着一种便携式"仿人"智能机器人的诞生。用户可能会简单地将ChatGPT视为一款聊天机器人，忽视了其背后依托于强大的智能软件即服务（Software as a Service，简称SaaS）体系。

图 1-5　手机端界面

第2章
玩转提示词

回顾历史，可以发现人机交互界面的演进实际上是一种缓慢而稳定的过程，每隔数十年才会发生一次根本性变化。然而，每一次变化无不引发深刻的社会变革，仿佛掀起了一场技术革命的巨浪。

在对话式用户界面（Conversational user interface，简称CUI）年代，用户通过输入命令与计算机互动，UNIX和DOS系统便是那个时代的标志。对于生活在21世纪的人来说，使用对话式操作系统可能难以想象，但正是基于这样的界面，一场全球性的信息技术革命悄然拉开帷幕。

随后，图形用户界面（Graphical user interface，简称GUI）的出现彻底改变了游戏规则。最初由施乐公司研发，并在苹果的Macintosh系统中首次应用，随后通过微软的Windows系统广泛普及。从20世纪80年代至今，GUI已经成为计算机、手机、平板等多种设备上的标准用户界面，各式各样的网站、应用程序和软件都是GUI变化无穷的表现形式。这种用户界面的变革不仅标志着互联网和移动互联网的两大发展浪潮，也深刻改变了人们的生活和工作方式。

而当移动互联网的增长红利逐渐消退时，ChatGPT的出现不仅开启了人工智能生成内容（Artificial intelligence generated content，简称AIGC）的新篇章，更重要的是，它开辟了自然语言用户界面（Language user interface，简称LUI）的新纪元。这一概念长久以来仅在学术界内部被人们讨论，现在终于迎来了属于它的时代。站在这个历史节点上，人们正面临着人类历史上最伟大的技术革命之一。在数据、模型和硬件等多个要素准备就绪之后，LUI作为人与AI交互的新范式，完美地填补了AI革命的最后一片拼图。

2.1 提示词是什么

在人工智能领域，尤其是在与自然语言处理和生成式AI模型（如GPT系列）相关的应用中，提示词（Prompt）指的是输入给AI模型的文本，用于引导或激发模型生成特定的内容。简而言之，提示词就像是向AI提出的问题或任务描述，它告诉AI用户希望它做什么或者回答什么样的问题。随着自然语言处理等技术的进步，人机交互正经历深刻变革，使得人们可以更自然地与AI沟通。这种新的交互方式，即语言用户界面，不仅让人与AI的关系更亲密、自然、有趣，也提高了交互的直观性和效率。下面以ChatGPT界面为例进行介绍，最下方的输入框就是输入提示词的地方，如图2-1所示。

图 2-1　输入框

提示词的使用使人们无须深厚的专业知识即可轻松运用AI的创作力，实现个性化创作。无论是文本、图像还是音乐视频，各领域的AI工具都能够使用自然语言引导AI生成。随着技术的进步，提示词的应用范围将不断扩大，生成不同类型的文本、图像、音乐和视频。

提示词虽然简单，却反映了用户的综合能力，这解释了为何相同的AI工具在不同的人手中效果迥异，掌握提示词撰写技巧实际上是一种可培养的技能。接下来将从基础开始，探索提示词的撰写技巧，培养个人在新时代的核心竞争力。

2.2 提示词的作用

在利用AI工具进行创作时，提示词扮演着关键角色，它不仅可以引导模型生成特定内容，还增强了输出的精确性与可信度。以生成一篇文章为例，输入提示词"写一篇关于人工智能的文章"，可以明确引导AI向人工智能这个话题倾斜，从而输出内容相对精确的文章。提示词的巧妙设计至关重要，因为它直接影响着模型的输出质量。

不仅在文本生成上，提示词的用途还可以扩展至模型的训练与微调阶段。具有针对性的提示词使模型更精准地把握输出内容的方向，通过反复练习相似的提示词，模型的准确度和可靠性将得以提升。此外，提示词还能够调控生成内容的风格、主题与感情色彩，使得模型能够按照指定的风格或感情基调来输出内容，如正面或负面情绪、科技或娱乐主题等。

因此，精心设计与选择提示词对训练出能够输出预期内容的模型至关重要。在实际应用中，应当对提示词进行充分的测试和评估，以保证最终的输出效果。

提示词也提升了更具智能的人机交互体验。用户可以通过输入多样的提示词与AI模型进行互动，享受更加高级的交互与对话体验。

2.3 编写提示词的基本技巧

2.3.1 基本原则

输入到ChatGPT中的提示词质量对输出内容的质量起着决定性作用。内容明确的提示词不仅能确保对话沿着正确的方向发展，还能围绕用户的兴趣展开，为用户带来更吸引人的内容和更丰富的交流体验。为了构建有效的提示词，以下几个关键原则不可或缺。

· 长度：为提升输出内容的准确性，提示词的长度建议控制在10～100个中文字符，根据任务需要，也可输入更长的文本。

· 任务清晰：提示词需要足够清晰，以便ChatGPT准确把握主题或任务，进而产生恰当的回应。需要明确量化输入与输出预期，如指定标题字数或内容要求，应当力求语言简洁明了，避免使用可能引起混淆的复杂或含糊的词汇。

· 场景完整：明确完成任务的身份、附加信息、限制条件和目标受众。

· 目标明确：提示词应该具有明确的目标和焦点，这有助于引导对话方向和逻辑性。避免使用过于宽泛或开放式的描述。

· 相关性：确保提示词与用户的兴趣和对话的上下文紧密相关，引入不相关的主题或内容可能会使对话偏离轨道。

合理应用这些原则，可以帮助我们灵活掌握并运用提示词。提示词的核心要素包含文本、标点、关键词、语法和结构，这些要素共同用于指导AI模型生成相对精确的结果，常见的提示词类型及其要素包括以下几种。

· 指令式提示词：以命令的形式引导AI执行特定任务，通常含有动词、名词等指示元素，如"发送邮件给××"。

·描述性提示词：描述模型需要生成的内容，包含关键词和主题，如"写一篇关于环保的文章"。

·问答式提示词：包含问题和可能的答案，侧重于关键词和上下文，例如，"谁是美国第一位总统？答案：乔治·华盛顿"。

·聊天式提示词：模拟自然对话，以交互的形式产生相关输出，包括问题、回答等。

根据使用场景，可进一步细分提示词类型。如用于图像生成的提示词，可以引导AI产出特定图像；文本生成的提示词用于撰写文章或自动回复邮件；代码生成的提示词可以帮助编写算法或程序代码；音乐生成的提示词用于创作旋律或节奏；视频生成的提示词指导产生动画或视频剪辑。

编写有效的提示词，还可以采用角色扮演的方法，为ChatGPT指定一个对话中的角色，并明确期望输出的内容类型，以提供明确的方向和引导。

ChatGPT只是一个工具，其产出内容的质量取决于我们如何使用。通过使用以上技巧，可以更高效地使用ChatGPT，来实现我们的目标。

2.3.2　有效与无效提示词对比

为了让大家深入理解如何撰写有效的提示词，下面将对有效与无效的提示词进行对比。

首先介绍有效的ChatGPT提示词示例。

·请简要概述去海南旅游哪个季节最为舒适。这个提示清晰、简洁且聚焦，便于ChatGPT提供所需信息。

·推荐一本评分较高的中国作者写的科幻小说。此提示词内容较为具体，能够使ChatGPT给出有针对性的建议。

下面是无效的ChatGPT提示词示例。

·告诉我关于科学的所有信息。此提示词过于宽泛且开放，使ChatGPT难以提供具有实际价值的回答。

·你能分享一些关于你自己的事吗？尽管这个提示明确且具体，但由于具有个性化的特征，ChatGPT并不掌握这些偏隐私的数据，不利于ChatGPT生成有效的回复。

通过对比这些示例，可以总结出有效提示词的关键特点：清晰、简洁、相关度高，有明确的目标和焦点，避免过于宽泛或私人化的内容。

2.4 进阶提示词

2.4.1 上下文学习

上下文学习（In-Context Learning，简称ICL）是一种特殊的学习方式，它能够在理解上下文的基础上，从而提高生成内容的质量和准确度。上下文学习特别适用于那些需要快速掌握新信息或完成新任务的场景，因为它不需要对模型进行重新训练，降低了计算量和时间成本。

上下文学习的应用范围非常广泛，如在情感分析中，仅通过引入少量具有代表性的样本，模型就能自动掌握情感表达的规律。这种学习方式不仅高效快速，还能实现精确的模型优化，以应对多变的任务需求。

以情感分析为例，向ChatGPT提供几个带有明确情感标记的句子示例，可以显著提升其在任务上的表现。

·正面情绪示例：这部电影的视觉效果非常棒，场景非常逼真，让我感觉像是置身其中。

·负面情绪示例：该电影的剧情缺乏创意，而且角色表现很平淡，给人感觉很无聊。

·正面情绪示例：主演的表演非常出色，情感细腻，让我深深感受到了角色的内心世界。

·正面情绪示例：这部电影的音乐非常动听，与情节相得益彰，给人带来了非常愉悦的观影体验。

通过这种方式，ChatGPT可以更准确地理解并分析文本情感，展示了上下文学习在实际应用中的潜力和灵活性。

2.4.2 自洽性解码策略

自洽性解码策略是增强大型语言模型推理能力的一种有效方法，它通过利用一组样本思维链条（Chain of Thought，简称CoT）提示来引导模型沿多样化的推理路径进行思考，并生成多个候选句子。该策略进一步评估了每个候选句子与之前生成句子的相似度，挑选最相似的句子作为后续的输出依据，从而提升推理过程的准确性。这种方法已在数学问题解答和常识推理任务中显示出思维链条提示准确性的潜力，并通过最新研究得到验证。因此，自洽性解码策略不仅对提高模型的思维链条推理能力至关重要，而且能有效降低计算和时间成本，是一种极具价值的技术手段。

输入提示词：当我6岁时，我的妹妹只有我的一半年龄。现在我70岁了，我的妹妹多大了？ChatGPT回复的内容如图2-2所示。

> **ChatGPT**
>
> 当你6岁时，你妹妹的年龄是你的一半，即3岁。现在你70岁，这意味着从那时起已经过去了70 - 6 = 64年。因此，你妹妹现在的年龄是3岁加上这64年的时间，即3 + 64 = 67岁。所以，你妹妹现在应该是67岁。

图 2-2 ChatGPT 回答年龄数学问题

随着大型语言模型能力的不断提升，许多问题已经可以直接得到解答，但自洽性解码策略及相关技巧仍然具有独特价值。特别是当模型遇到难以直接回答的问题，或者在其不熟悉的领域时，这些策略提供了一种解决问题的有效途径。

2.4.3　思维链条

思维链条是在人工智能领域，特别是在处理复杂问题和进行推理任务时的一种模拟人类解题过程的方法。这种方法通过生成一系列的中间步骤或推理过程，帮助AI模型更好地理解和解决问题。CoT的核心思想在于不直接寻求最终答案，而是像人类一样，逐步推导出解决方案。

思维链条广泛应用于多个AI领域，特别是在自然语言处理和机器学习模型中处理数学问题、常识推理和复杂问题分析等任务。例如，当需要AI解决数学问题或进行逻辑推理时，CoT可以帮助模型展现出每一步的思考过程，从而更精确地得出最终结论。

输入提示词：一次班级活动后，小鱼和她的姐姐将她们收到的糖果混到了一起。小鱼有8颗糖果，而她的姐姐有23颗糖果。如果她们第一晚吃了8颗糖果，那么她们还剩下多少颗糖果？ChatGPT回复的内容如图2-3所示。

> **ChatGPT**
>
> 小鱼和她的姐姐一共有 $8 + 23 = 31$ 颗糖果。如果她们第一晚吃了8颗糖果，那么她们还剩下 $31 - 8 = 23$ 颗糖果。所以，她们还剩下23颗糖果。

图 2-3 ChatGPT 回答糖果数学问题

思维链条CoT为AI领域带来了新的可能性，使机器能够以更类似人类的方式进行思考和解决问题。它不仅提高了AI系统的可解释性和透明度，也提升了处理复杂问题的能力，为AI的发展和应用开辟了新的道路。

2.4.4　角色场景

将提示词引入特定的角色场景能够获得更理想的结果。例如，输入"我想了解Python"，结果如图2-4所示。然而，通过设定一个角色场景，如"假设我是一位计算机系初学者，我想深入了解Python"，结果如图2-5所示。

> **ChatGPT**
> Python是一种广泛使用的高级编程语言，以其高度可读的代码和简洁的语法结构而著称。由Guido van Rossum于1991年首次发布，Python设计哲学强调代码的简洁性和可读性，支持多种编程范式，包括面向对象、命令式、函数式和过程式编程。

图 2-4　ChatGPT 介绍 Python

> **ChatGPT**
> 作为一位计算机系的初学者，深入了解Python将为你的学习和未来的职业生涯开启无限的可能性。Python是一种极具魅力的编程语言，它不仅简单易学，同时也是许多专业领域首选的编程工具。以下是一些基础和进阶方向，帮助你深入了解Python。
>
> **基础知识**
> - **语法**：从Python的基本语法开始，理解变量、数据类型、运算符、控制流（如if语句和循环）的使用。
> - **函数**：学习定义和调用函数，理解参数、返回值和作用域。
> - **数据结构**：深入学习列表、字典、集合和元组等内置数据结构，以及它们的操作和应用。
>
> **进阶学习**
> - **面向对象编程（OOP）**：掌握类和对象的概念，学习如何在Python中实现封装、继承和多态。
> - **模块和包**：学习如何导入标准库中的模块，以及如何创建和使用自己的模块和包。
> - **异常处理**：了解如何使用try...except块处理程序中的异常情况。
>
> **应用领域**
> - **Web开发**：探索如Django或Flask这样的框架，了解如何用Python构建Web应用。
> - **数据分析和科学计算**：熟悉NumPy、Pandas等库，探索Python在数据处理、分析和可视化中的应用。
> - **机器学习和人工智能**：了解Scikit-learn、TensorFlow或PyTorch等库，探究Python在AI领域的应用。
>
> **资源和实践**
> - **在线教程和课程**：利用Coursera、edX、Udacity等平台上的免费和付费资源。
> - **项目实践**：通过实际项目加深理解。从简单的脚本开始，逐渐尝试更复杂的应用或系统。
> - **参与社区**：加入GitHub、Stack Overflow和Reddit等社区，参与讨论，贡献代码，从中学习和成长。
>
> 深入了解Python需要时间和实践，但它的灵活性和广泛的应用领域将为你提供一个充满机遇的广阔世界。记得享受编程带来的乐趣和满足感！

图 2-5　给 ChatGPT 设定角色场景

对比两种提问方式，产生的回答截然不同，显然拥有角色场景的提示词能引导出更专业的回答。

在未指定角色场景的情况下，ChatGPT可能会提供更适合普通受众的基础信息，如Python的创始人等普通信息。而当明确告知角色为"计算机系初学者"时，ChatGPT的回答则会包括更深层次的细节，例如学习路线和学习顺序，具体内容详见图2-5。这种对比明显展示了通过为对话设定具体的角色场景，不仅能够有效地引导ChatGPT提供更贴合角色需求的深度信息，也极大地丰富了交互的内容和层次。

2.4.5　ChatGPT-3.5、GPT-4、GPT-4o使用技巧的差异

在使用技巧上，GPT-4o与GPT-3.5和GPT-4相比有一些重要的改进。比如，在提示词使用、上下文管理、微调与自适应学习、多模态处理方面，甚至在安全性与内容过滤、用户界面与集成、性能与效率等多个方面都有显著改进。这些改进使得 GPT-4o 更加智能、灵活和高效，能够更好地满足用户的需求，适应更广泛的应用场景，提供更优质的使用体验。

在提示词的运用上，GPT-3.5、GPT-4提示词的准确性主要依赖于用户手动编写，有时需要反复试验才能找到最佳提示词。GPT-4o则引入了更智能的提示生成和优化工具，能够根据上下文自动调整提示，提高了提示词的有效性、智能性和准确性。

在上下文的管理上，GPT-3.5、GPT-4对长文本的上下文管理能力有限，在处理长文本时需要用户手动分割和调整上下文。GPT-4o显著增强了对长上下文的处理能力，可以更好地保持和理解长文本的上下文，提高连续性和一致性。

在微调与自适应学习上，GPT-3.5、GPT-4支持微调，但过程繁琐且资源消耗较大。GPT-4o优化了微调流程，引入了更高效的自适应学习机制，能够更快速、低成本地进行特定任务的微调，使其更易适应不同的应用场景。

在多模态处理方面，GPT-3.5仅可以处理文本数据。GPT-4引入了初步的多模态处理能力，可以对图片进行处理。GPT-4o具备全面的多模态处理能力，能够同时处理文本、图像、音频等多种数据类型，极大地扩展了应用场景和实用性。

在性能与效率上，GPT-3.5、GPT-4性能虽较好，但在处理高负载任务时可能出现延迟。GPT-4o通过优化架构和计算资源管理，显著提升了性能和效率，在高负载和复杂任务下依然表现出色。

第3章
ChatGPT 商业使用场景

在如今这个日新月异、竞争激烈的时代，无论是在职场上谋求升职加薪，在生活中寻求更广阔的视野，还是在学术领域内争取更高的成就，持续地学习和自我提高变得尤为关键。有效地利用ChatGPT等先进技术工具，能显著提高人们的学习效率和个人成长速度，帮助人们更快地实现目标，更好地成就自己。掌握并应用ChatGPT技术，有以下好处。

·加速知识获取：ChatGPT提供了快速准确地访问、整合和应用广泛知识的能力，无论是深化专业技能，还是拓展新的兴趣领域，都能高效率地完成。

·优化问题解决方案：在面对复杂的问题时，ChatGPT可以帮助人们探索多种可能的解决方案，促进创新思维，提升解决问题的能力。

·提高沟通技巧：在职场交流或日常生活中，ChatGPT能辅助人们更好地表达思想、撰写文档，从而提升沟通效率和影响力。

·培养终身学习的习惯：ChatGPT的多样化应用鼓励人们保持好奇心，持续探索未知，培养终身学习的习惯，不断适应变化的世界。

有效利用ChatGPT不仅仅是技术层面的学习，更是一种思维和视角的转变。随着ChatGPT等人工智能技术的不断进步和普及，将它们融入学习、工作和生活中，不断提升自我，已成为时代发展的必然趋势。

3.1 ChatGPT 基础应用：检索与收集信息

ChatGPT在信息收集和检索方面表现卓越，不仅能够高效地查找信息、解答疑问，还能提供专业的建议。例如，它能迅速帮助人们掌握特定领域的核心知识、发掘有价值的实用技巧，或者获取关键的经营数据等。

输入提示词：作为一家初创公司的创始人，我目前正处于策划市场营销战略的关键阶段。为了更有效地推广我们的业务，我希望能了解3种适合初创企业使用的市场营销技巧。ChatGPT回复的内容如图3-1所示。

---

⑤ ChatGPT

作为初创企业的核心，市场营销战略对于业务的成长至关重要。对于像您这样处于策略规划阶段的创始人来说，选择合适的营销方法可以帮助您的企业有效地达到目标受众，从而加速成长。以下是3种特别适合初创企业采用的市场营销技巧：

1. **内容营销**：利用有价值的内容吸引、留住目标客户，并最终驱动盈利行为。通过撰写博客文章、创建视频、发布行业报告等方式，不仅可以建立品牌的专业形象，还可以通过SEO优化提高在线可见性。

2. **社交媒体营销**：在各大社交平台上建立品牌存在感。利用Facebook、Instagram、LinkedIn等平台，与您的目标受众进行互动，分享有关产品或服务的信息，以及吸引性的内容，以建立社群和提高品牌认知度。

3. **合作伙伴营销**：与其他企业或个人建立合作关系，共同推广彼此的产品或服务。通过寻找与您的业务互补的合作伙伴，可以扩大营销范围，达到新的潜在客户，并通过合作伙伴的信誉增强品牌信任度。

采用这些市场营销技巧时，重要的是要确保策略与您的业务目标和目标受众相匹配。同时，持续分析和调整营销活动的效果，以优化策略并确保最大化投资回报。

图 3-1　ChatGPT 讲解市场营销技巧

在利用ChatGPT进行信息检索时，遵循以下步骤能够提高检索的效率和准确性。

·明确检索目标：先清楚地界定期望从ChatGPT获取的信息内容。

·提供背景信息：给出足够全面的背景和上下文，帮助ChatGPT更深入地理解所提问题的背景。

·精确表述询问：力求对问题进行明确的描述，必要时可将问题分解为多个部分逐一提出。

·选择恰当的关键词：精心挑选关键词以优化检索结果，关键词的选择直接影响到检索的质量。

·结果验证：仔细检查ChatGPT提供的答案是否满足需求，根据结果的相关性和准确性进行必要的调整。

通过这一系列步骤，能够更有效地指导ChatGPT，以获得更精确、更有价值的信息，从而提升信息检索的整体质量，如表3-1所示为推荐的模板。

表3-1 信息检索模板

场 景	提示词内容
掌握基础概念	能否阐释×××（关键词）在×××（特定领域）中的重要性
探索实用技巧	请分享×××（具体内容）在×××（特定领域）中的实用技巧
经营数据查询	我想了解×××（公司名称）在×××（过去时间段）的×××（数据类型）表现如何
获得专业建议	作为一名×××（特定身份），我对×××（具体目标）感兴趣，请提供一些建议
解答具体问题	在×××（特定领域）中遇到了×××（具体问题），有什么好的解决办法吗
案例研究	能否提供×××（具体数字）在×××（特定领域）中的典型案例
了解行业动态	请概括×××（特定领域）最近的发展趋势和重要进展
资料推荐	我正在研究×××（特定主题），能推荐×××（具体数字）篇相关的优秀书籍、论文或其他资源吗
操作流程咨询	请描述完成×××（具体任务）所需遵循的步骤或流程

3.2 ChatGPT在教育领域的应用

辅导孩子完成家庭作业对许多家长而言充满挑战。常言道："不辅导作业母慈子孝，一辅导作业鸡飞狗跳。"反映了辅导作业时常见的挑战和压力。对家长来说，这项任务不仅耗时耗力，有时还需要学习新知识以辅导孩子，同时还要面对孩子注意力分散甚至反抗的情况。辅导作业是帮助孩子养成学习习惯和提升自信心的关键，对孩子的成长至关重要，是家长必须面对的课题。

ChatGPT等人工智能工具的出现，为家庭教育提供了新的解决方案。这些工具能有效减轻家长的辅导负担，通过提供问题解答、知识点讲解、作文检查和写作建议等服务，帮助孩子更好地理解学习内容。特别是英语学科，人工智能工具在口语练习、指导写作和阅读理解方面展现出了独特的优势。它让优质教育资源更加普及，家长不仅能更高效地辅导孩子，还能实时掌握学习进度，及时发现并解决学习问题，这不仅可以为孩子的学习提供帮助，也给家长节省了宝贵的时间，让家庭氛围更加和谐。

正确使用ChatGPT，不仅能促进人们深入理解和灵活应用知识，还有助于提升人们的学习效率。然而，不当使用或对ChatGPT过度依赖反而可能削弱学习成效，在使用ChatGPT辅助学习时，请留意以下3个关键原则。

·遵守规则：确保不将ChatGPT用于任何非法、违规或不道德的活动。

·核实信息：对ChatGPT提供的答案保持批判性思维，务必亲自验证其准确性。

·适度使用：保持对ChatGPT的合理运用，避免过度依赖，需要平衡独立思考与技术辅助之间的尺度。

3.2.1　作文辅导

输入提示词：我现在要写一篇有关亲情的800字作文，提供一些作文中可以使用的好词好句，要运用到各种修辞手法，ChatGPT回复的内容如图3-2所示。

⊚ **ChatGPT**
写作亲情类作文时，运用恰当的修辞手法和精选的好词好句能够深化文章的情感表达，让读者产生共鸣。以下是一些可以在您的作文中使用的好词、好句及修辞建议：

好词：

· 温馨、和睦、亲密无间
· 慈爱、关怀、呵护
· 牵挂、思念、依恋
· 坚韧、支撑、力量
· 理解、宽容、赞赏
· 陪伴、共度、相濡以沫

好句：

1. 亲情如同冬日里的一缕阳光，温暖而明媚，照亮我前行的路。
2. 家，是永远的港湾；亲情，是永不干涸的泉源。
3. 在这个快节奏的世界里，唯有家人的理解和支持是最温柔的力量。
4. 亲情之树常青，即使风雨交加，也挺立不倒，为我们提供避风的港湾。
5. 父母的爱如山之巍峨，无声却深沉，是我们坚强的后盾。
6. 兄弟姐妹间的欢声笑语，是我人生旅途中最珍贵的回忆。

修辞手法：

· **比喻**：用于将亲情比作其他物象，增强语言的形象性。例如："父爱如山，母爱如水。"
· **拟人**：给亲情赋予人的特质或行为，使抽象的情感具象化。例如："亲情在静静地聆听，给予我无尽的力量。"
· **排比**：通过并列排列多个相似的句子或短语，增强语言的节奏感和强调效果。例如："无论是在困难面前的坚持，还是在挫折中的支持，亦或是在成长路上的指引，家人始终如一地陪伴在我身边。"
· **对比**：通过对比亲情与其他事物的不同，凸显亲情的独特价值。例如："在这个充满竞争的社会中，朋友可能会离去，爱情可能会变淡，唯独亲情，永远如同灯塔，指引着我前进的方向。"
· **夸张**：用以放大亲情的重要性和美好，使读者产生强烈的情感共鸣。例如："没有亲情的日子，就像没有水的沙漠，干涸而无生命。"

结合以上好词好句和修辞手法，可以让您的亲情类作文更加生动感人，深刻表达出亲情的温暖和力量。

图 3-2　ChatGPT 回复作文常用好词好句

3.2.2 英语辅导

ChatGPT可以成为学习英语的得力助手，就像一个说着地道英语的外国朋友。它可以模拟英语国家的语言环境，仿佛人们身临其境与以英语为母语国家的人交流，进行语言学习，沉浸在英语氛围中是提升语言水平的最佳方式。设想ChatGPT是一位专业的英语教师，能为我们定制一套教学计划，并能陪伴大家进行英语学习。

输入提示词：你现在是我的英语私教老师，请给我列出100个最常用的英文单词库，限制使用英语四级范围内的词汇，输出的时候要显示对应的中文意思，ChatGPT回复的部分内容如图3-3所示。

> **ChatGPT**
> 当然可以，这里有一份100个常用的英语四级词汇表，每个词后面都附有中文意思：
>
> 1. ability (n.) - 能力
> 2. accept (v.) - 接受
> 3. access (n.) - 接近；通道
> 4. accompany (v.) - 陪伴
> 5. achieve (v.) - 实现
> 6. acquire (v.) - 获得
> 7. adapt (v.) - 适应

图 3-3 ChatGPT 回复英语四级词汇

还可以设置场景，生成对话。输入提示词：帮我用英语四级水平的单词生成一个餐馆点餐的场景，ChatGPT回复的部分内容如图3-4所示。

> **ChatGPT**
> 在一个英语四级水平的餐馆点餐场景中，会话可能会这样进行：
>
> **服务员 (Waiter):** "Good evening! Welcome to The Cozy Corner. Here's your menu. Would you like to start with something to drink?"
>
> **你 (You):** "Good evening! Yes, I'd like a glass of water and an apple juice, please."
>
> **服务员 (Waiter):** "Of course. Have you decided on your meal, or do you need a few more minutes?"
>
> **你 (You):** "I think I'm ready. I'd like the Caesar salad as a starter, and for the main course, the grilled chicken breast with vegetables, please."

图 3-4 ChatGPT 回复英语四级单词的场景应用

ChatGPT还可以帮人们进行英语语法、语音的纠错。比如使用提示词"帮我将这个英语句子的语法错误改正并且讲解清楚错在哪里"，ChatGPT不仅可以给出正确的英语表达，而且可以对语法错误的原因进行解释，帮助学生举一反三。ChatGPT不仅可以像3.2.1节那样进行语文作文辅导，还可以进行英语作文辅导。

最简单的用法就是直接把作文题目和要求提供给ChatGPT。输入提示词：假设你是育才中学学生会主席李华。你校将举办一次英语演讲比赛（Speech contest），希望附近某大学的外籍教师Smith女士来做评委。请参照以下比赛通知给她写一封信。

英语演讲比赛

主题：人与自然

时间：6月15日下午2:00至5:00

地点：501教室

参赛选手：10名学生

联系人：李华（电话44876655）

欢迎大家光临

注意：词数100左右

ChatGPT回复的内容如图3-5所示。

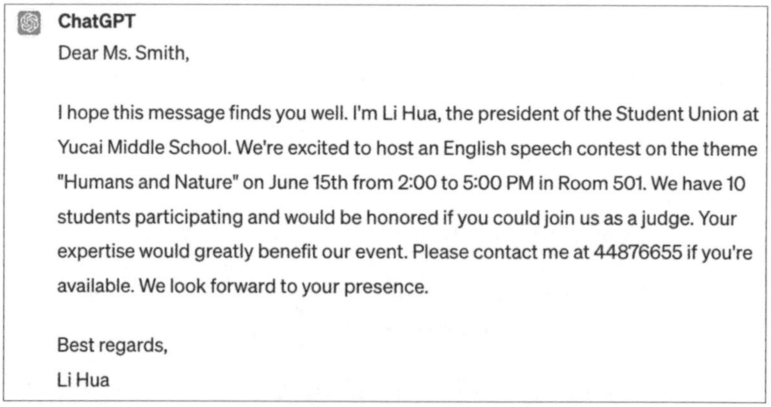

ChatGPT

Dear Ms. Smith,

I hope this message finds you well. I'm Li Hua, the president of the Student Union at Yucai Middle School. We're excited to host an English speech contest on the theme "Humans and Nature" on June 15th from 2:00 to 5:00 PM in Room 501. We have 10 students participating and would be honored if you could join us as a judge. Your expertise would greatly benefit our event. Please contact me at 44876655 if you're available. We look forward to your presence.

Best regards,
Li Hua

图 3-5　ChatGPT 回复英语演讲比赛稿

以上方式可以应用于各个英语学习阶段。

3.2.3　外语口语辅导

儿童学语言初期都是通过重复听到并尝试模仿"爸爸""妈妈"等发音，

逐步掌握语言的规律。随着年龄增长，语言理解能力的提高，孩子开始学会主动交流，积累更多词汇，这一切在他们识字前就已开始。学生阶段的语言学习往往多为考试驱动，并不重视听说的练习，但语言作为一种交流工具，听说能力往往比读写更加关键。在非母语环境中，要寻求浸泡式的语言环境非常困难。有了ChatGPT，就可以制订专享外语私教服务。

如果使用浏览器端，默认每次与ChatGPT对话生成内容后，均有语音朗读功能，如图3-6所示。

图 3-6　朗读文本功能

如果使用移动端，则可以直接使用对话功能，点击右下角的"麦克风"功能图标，如图3-7所示。

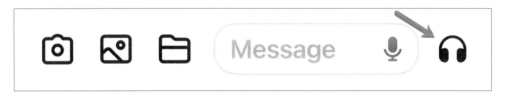

图 3-7　启动对话

根据ChatGPT提示选择一款自己喜欢的语音效果，就可以开启实时语音对话模式，如图3-8所示。

这样就可以实时跟ChatGPT进行聊天，提问者使用哪种语言，ChatGPT就会以相应的语言回复，点击图3-8右下角的关闭按钮，就会退出对话模式，并以文字的形式显示刚才的对话内容，如图3-9所示。

图 3-8　实时对话中

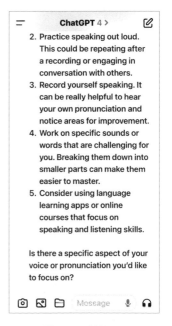

图 3-9　对话记录

3.2.4　理工科辅导

ChatGPT也支持理工科类知识的辅导，接下来以一道中考数学真题为例进行讲解，如图3-10所示。

已知 $9x^2-6xy+k$ 是完全平方式，则 k 的值是＿＿＿＿＿＿。

图 3-10　考试真题

演示如何利用ChatGPT辅助学习，将题目直接拖到输入框中，如图3-11所示。然后输入提示词：给出解析步骤和答案，ChatGPT回复的内容如图3-12所示。

图 3-11　上传题目

> **ChatGPT**
>
> 解析步骤如下：
>
> 我们要将表达式 $9x^2 - 6xy + k$ 转换成完全平方的形式。一个完全平方的形式为 $(ax + by)^2$，展开后形式为 $a^2x^2 + 2abxy + b^2y^2$。
>
> 1. 比较系数 a^2 和给定方程中的 x^2 的系数 9，可以得到 $a = \pm 3$。因为我们需要一个正的 x^2 的系数，所以我们取 $a = 3$。
> 2. 然后，我们需要找到 b 的值，使得 $2ab$ 等于给定方程中的 xy 的系数 -6。通过解方程 $2 \times 3 \times b = -6$，我们得到 $b = -1$。
> 3. 接下来，我们需要确定 k 的值，使得 b^2y^2 的系数和 k 相等。由于 $b = -1$，我们得到 $k = (-1)^2y^2 = y^2$。
>
> 综上所述，要使得表达式 $9x^2 - 6xy + k$ 成为完全平方，k 的值应该是 y^2。

图 3-12　ChatGPT 解析中考数学题

图3-12中由ChatGPT生成的答案与正确答案一致。根据经验，PDF类题目解析度最高，其次是用手机等移动设备拍摄的题目。由于理工科类题目具有一定的逻辑性，ChatGPT并不能保证输出答案的正确性，因此一定要反复核实答案的正确性，最好用来启发思路而不是求得正确答案。或者使用ChatGPT来学习某个不懂的概念，并让ChatGPT提供不同的解释方式。

输入提示词：用通俗易懂的方式介绍一下等差数列，ChatGPT回复的内容如图3-13所示。

> **ChatGPT**
>
> 想象你在台阶上走步，每次都迈出一样大小的步子，这样每一步向你向上的高度就增加了一个固定的量。如果我们用数字来记录你每一步后所在的高度，这些数字就形成了一个等差数列。
>
> 等差数列其实就是一个序列，它的每一项（我们可以称之为"数列中的数"）与它前面的那一项之间的差都是一个恒定的值。这个恒定的值被称为"公差"，在数学上通常用字母 d 来表示。比如，如果我们有一个数列 $2, 5, 8, 11, 14 \ldots$，它的公差就是3，因为每次数都比前一个多了3。
>
> 等差数列有几个特点：
>
> 1. **首项和公差确定数列**：一旦我们知道了等差数列的第一个数（称为"首项"）和公差，我们就能生成整个数列的。
> 2. **位置和值的关系**：等差数列中任何一项的值都可以通过首项加上"位置减一乘以公差"来计算。比如，在上面的数列中，第四项是11，我们可以通过计算 $2 + (4 - 1) \times 3$ 得到。
> 3. **求和简便**：等差数列的一个有趣特性是，它的和（即数列中的数加起来的总和）可以用一个简单的公式计算，而不需要真的一项项加起来。比如，前四项的和可以通过这样的公式计算：
> $$\frac{（首项 + 末项）\times 项数}{2}$$
>
> 等差数列在数学中非常重要，因为它提供了一个简单的数值模式，这种模式在现实世界中也很常见，例如在预算、安排时间、计算利息等方面都会用到等差数列的概念。

图 3-13　ChatGPT 介绍等差数列

如果仍对ChatGPT回复的内容中的某个概念不理解，可以针对不理解的地方继续追问。

在使用ChatGPT时，应当记住它不是万能的。对于较为复杂或者有一定理解难度的问题，它可能无法提供完全准确的答案。此外，始终遵循学术诚信原则，用ChatGPT仅作为辅助工具来深化理解和提升学习效率。表3-2所示为提示词的一些模板。

表3-2　知识辅导模板

场　　景	提示词内容
掌握基础概念	能否阐释"牛顿第三定律"在"物理学"中的应用性或重要性
探索实用技巧	请分享"3"种在"数据分析"中的实用技巧
解决数学问题	如何解决"二次方程"问题，请给出解题步骤
理解文学作品	请解释"象征主义"在"法国文学"中的应用及其意义
学习外语语法	能否详细讲解"过去完成时"在"英语语法"中的用法
实验设计和方法	如何设计一个关于"光合作用"的"生物学"实验
编程技巧学习	请提供"5"种提高"Python编程"效率的技巧
历史事件分析	能否分析"冷战"期间"美苏关系"的转变及其影响
地理知识应用	请说明"板块构造理论"在"地理学"中的重要性和应用

3.3　ChatGPT在翻译行业的应用

ChatGPT可作为一种翻译工具，帮助人们将外语资料转换为中文，便于人们深入理解其内容。同样，它也能将中文内容翻译成外语，以向国外的朋友、同事或客户展示。

输入提示词：请将"我喜欢吃西瓜"这句话分别翻译成英文、日文和法文，ChatGPT回复的内容如图3-14所示。

ChatGPT
- 英文：I like eating watermelon.
- 日文：私はスイカを食べるのが好きです。
- 法文：J'aime manger de la pastèque.

图3-14　ChatGPT翻译多种语言

虽然ChatGPT能够提供翻译服务，但使用时需留意以下3点：

· 注意翻译结果的准确性，尤其是复杂或专业的文本。

· 对涉及敏感或保密信息的内容慎用，以防信息泄露。

· 避免翻译过于口语化或含有俚语的文本，可能会影响翻译质量。

ChatGPT在某些语言和专业术语的翻译上具有局限性，必要时务必寻求专业人士的协助，以免出现错误信息。如表3-3所示为提示词的一些模板。

表 3-3　翻译模板

场　　景	提示词内容
词语翻译	请将单词翻译成 ×××（目标语言）
句子翻译	请将这句翻译成 ×××（目标语言）
翻译文档 / 电子邮件 / 演讲稿	请将 ×××（原语言内容）翻译成 ×××（目标语言内容）

3.4　ChatGPT 辅助学术研究

ChatGPT辅助论文编写要点在于快速梳理论文摘要或概述，迅速掌握核心内容、优势及局限，节省筛选和阅读的时间。通过输入论文标题、作者或链接，并选用适当的提示词模板，如概述论文学术贡献、简要阐释核心观点或提出问题，可有效引导ChatGPT深入理解内容。此方法可以优化文献审阅效率，为研究和写作提供坚实的基础。

输入提示词：用100～200字概括论文*Automatic detection and quantification of floating marine macro-litter in aerial images*（作者：Odei Garcia-Garin和Toni Monleón-Getino）的核心观点，ChatGPT回复的内容如图3-15所示。

 ChatGPT
Odei Garcia-Garin和Toni Monleón-Getino的论文提出了一种利用航拍图像自动检测和量化漂浮的海洋大型垃圾的新方法。通过应用机器学习和图像处理技术，该研究为海洋污染监测提供了一种高效准确的工具，有助于环保工作和海洋生态保护策略的制定，从而为海洋环境保护和垃圾管理提供重要信息。

图 3-15　ChatGPT 概括论文核心观点

继续提问：这篇论文的论证方法有什么优点？有没有局限？如果有局限，可以从什么方向上改进呢？ChatGPT回复的内容如图3-16所示。

> **ChatGPT**
> 通常，采用自动检测和量化漂浮海洋垃圾的方法的优点包括提高监测效率和准确性，减少人力成本，并能覆盖更广阔的海域。局限性可能包括图像处理算法在复杂海洋环境下的适用性，以及对特定类型垃圾的识别精度。改进方向可包括开发更鲁棒的图像识别算法来应对海面反光、波浪等干扰，以及利用多源数据和深度学习技术提高垃圾种类的识别能力。

图 3-16　ChatGPT 提炼论文优缺点

除了基于已发表的论文进行数据搜索分析，还可以让ChatGPT给出与论文相关的内容资料，例如笔者正撰写一篇与人工智能相关的论文。

输入提示词：给出“人工智能在教育中的应用”主题中3～5个未解决的问题。ChatGPT回复的内容如图3-17所示。

> **ChatGPT**
> 在“人工智能在教育中的应用”这一主题下，存在几个未解决的问题，包括：1) 如何确保AI技术在不同教育背景下的公平性和可访问性；2) 学生隐私和数据安全的保护；3) 教师与AI之间的角色定位和协同工作机制；4) AI在评估学生表现时的准确性和客观性；5) 针对不同学习风格和需求的个性化学习路径的设计和实施。这些问题的解决将推动AI在教育领域的更广泛和有效应用。

图 3-17　ChatGPT 提出行业问题

还可以继续提问：针对第3个问题，请总结3～5个具有代表性的论文或者案例，在这些例子中，它们的评估方法各有什么优劣？ChatGPT回复的内容如图3-18所示。

> **ChatGPT**
> 对于“教师与AI之间的角色定位和协同工作机制”，以下是 3 个具有代表性的案例研究以及它们各自评估方法的优势和劣势：
>
> 1. **在技术科学服务部门的教学中应用创新技术，提高学习成果和参与度**：
>   - 该研究讨论了AI技术如何在教育设置中提高学习成绩和参与度。它强调了AI在优化学习过程、促进协作学习和实现同伴互动方面的作用。
>   - **评估方法的优势**：提供了AI提高学习成果和参与度的实际应用洞见。
>   - **评估方法的劣势**：在片段中没有深入探讨评估方法的具体细节，难以评估其彻底性。
> 2. **Covid-19期间的在线学习：学生在在线课程中喜欢和不喜欢的内容**：
>   - 该研究探索了COVID-19大流行期间学生在在线课程中的偏好，强调了与教师互动和课程时间表清晰度的重要性。
>   - **评估方法的优势**：提供了有关学生偏好的宝贵见解，这些见解可以用来开发更有效的AI辅助在线学习环境。
>   - **评估方法的劣势**：更多地关注学生偏好，而不是AI与教师合作机制的有效性。
> 3. **人工智能技术在发展儿童技术创造力中的作用**：
>   - 该研究考察了AI技术如何支持个性化学习并提高儿童技术创造力的发展。
>   - **评估方法的优势**：揭示了AI个性化学习体验和支持创造力发展的潜力。
>   - **评估方法的劣势**：由于AI在教育环境中的整合相对较新，评估AI对儿童创造力长期影响的能力可能受到限制。

图 3-18　ChatGPT 总结案例

在完成文献调研后，就可以进入实验设计和论据收集阶段。此时利用ChatGPT辅助论文写作，包括生成标题、摘要、引言、结论及参考文献等，不仅可以节省写作时间、提升写作品质，还可以为写作提供灵感。如表3-4所示为提示词的一些模板。

表 3-4 论文写作模板

场 景	提示词内容
主题探索	请帮助确定论文的×××（研究主题）
文献综述	请生成与我的×××（研究主题）相关的文献综述
实验设计	基于我的×××（研究主题），提出几种可能的实验设计方案
数据分析	请提供建议如何对实验数据进行分析
结果讨论	如何根据数据分析结果撰写讨论部分
结论撰写	基于×××（研究发现），建议如何撰写结论
摘要生成	请帮我根据全文内容生成摘要
关键词建议	根据我的×××（论文主题），建议一些关键词
图表解释	如何解释这个图表中的数据趋势
参考文献格式	请指导如何按照 APA 或 MLA 格式列出参考文献

3.5 ChatGPT 辅助求职招聘

在职场环境中，有效的沟通、高效的任务管理及强有力的个人品牌，是个人职场价值的体现。ChatGPT能为职场人士提供多方面的辅助，帮助他们在这些关键领域取得进步。

·沟通技巧提升：ChatGPT能提供具有针对性的沟通策略和表达技巧，帮助职场人士更有效地与同事、客户及上级交流。通过模拟不同的沟通场景，ChatGPT可以帮助用户练习并改进他们的语言表达方式，确保信息传达的准确性和高效性。

·任务与时间管理：ChatGPT可以帮助职场人士更好地规划日常任务和管

理时间，包括提供任务优先级设定的指导、会议安排的策略，从而提升工作效率。

·个人品牌打造：在职场中构建一个有影响力的个人品牌极为重要。ChatGPT能提供策略性建议，告诉用户如何通过社交媒体、发布专业文章及参与网络活动等途径来提升个人影响力。它还能帮助职场人士优化他们的专业简介，辅助打造在行业内的优质个人形象。

通过ChatGPT的辅助，职场人士可以更游刃有余地安排日常工作，提升职业竞争力，在职业生涯中实现更快速地成长和发展。

3.5.1　提升技能

ChatGPT可以显著提升职场技能，为职场人士解决工作中遇到的各种问题。它不仅能够提供实用的工作技巧，还能提高管理能力，帮助职场人士更有效地完成工作任务。通过学习和应用GPT的智能分析和处理功能，职场人士可以在职业生涯中取得更好的成绩，从而更好地适应岗位要求，提升工作效率和团队协作能力。

输入提示词：我想提升自己的时间管理能力，如何做到呢？ChatGPT回复的内容如图3-19所示。

---

⑤ ChatGPT

要提升时间管理能力，考虑以下步骤：

1. **设定明确目标**：确定短期和长期目标，为自己设定清晰的方向。
2. **任务优先级**：区分任务的紧急度和重要度，优先完成重要任务。
3. **计划与分解**：制订每日、每周和每月的计划，并将大任务分解成小步骤。
4. **使用工具**：借助日历、待办事项列表或时间管理应用来追踪任务和安排。
5. **避免拖延**：通过设定具体的截止日期和自我奖励来激励自己按时完成任务。
6. **学会拒绝**：合理安排自己的时间和精力，对于超出能力范围的请求勇于说"不"。
7. **定期回顾**：定期审视自己的时间管理方式，找出可以改进的地方。

图 3-19　ChatGPT 总结提升时间管理能力方法

还可以结合自身职位，向ChatGPT咨询个人提升的建议。输入提示词：我目前担任产品经理，如何提升自身能力获得晋升？给出具体建议。ChatGPT回复的内容如图3-20所示。

> ⟨ChatGPT⟩ **ChatGPT**
>
> 要作为产品经理提升自身能力并获得晋升，可以考虑以下几点具体建议：
>
> 1. **深入理解用户需求**：深入了解你的目标用户，包括他们的需求、痛点和使用习惯。这能帮助你更好地定义产品特性和优先级。
> 2. **掌握数据分析**：利用数据分析来指导产品决策，包括用户行为分析、市场趋势和竞争对手分析。学会从数据中提取见解，并将这些见解转化为产品改进的行动。
> 3. **增强技术知识**：虽然产品经理不一定需要具备深厚的技术背景，但对技术有一定的了解会帮助你更好地与工程团队沟通，并对产品的可行性和开发时间有合理预期。
> 4. **提高沟通和协作能力**：产品经理的角色需要与多个团队协作，包括设计、开发、市场和销售等。提高沟通和协作能力可以帮助你更有效地推动项目进展。
> 5. **学习产品管理框架和方法**：掌握敏捷开发、Scrum或Lean等产品管理框架和方法。这些框架和方法能帮助你更高效地管理产品开发流程。
> 6. **关注行业动态**：持续关注产品管理和你所在行业的最新动态、趋势和最佳实践。参加行业会议、研讨会或网络研讨会，订阅相关博客和期刊。

图 3-20　ChatGPT 产品经理提升自身能力的方法

ChatGPT提供的建议仅供参考，千万不要照单全收，一定要结合自己的实际情况进行判断。

3.5.2　简历修改

简历不仅是职场人士展示自我的门面，更是获得理想职位的敲门砖。然而，许多人在简历润色方面缺乏经验，不知如何打造一份具有吸引力的简历。ChatGPT的出现为人们提供了解决方案。ChatGPT能够协助职场人士优化简历内容，通过精确展示个人的优势和技能，让简历能够更加鲜明地突出亮点，从而在众多候选人中脱颖而出。

输入提示词：我是一名有10年JavaScript开发经验的软件工程师，希望申请×××公司高级软件工程师的职位。这是岗位要求（附上岗位要求），这是我的简历草稿（附上简历内容）。请根据我提供的信息，帮我修改简历，并突出我的技能和经验，如图3-21所示，ChatGPT回复的内容如图3-22所示。

图 3-21　提示词中结合上传内容

ChatGPT

根据岗位要求调整简历：

1. **聚焦关键技能与经验**：
   - 由于岗位要求中提到需要具备5年以上工作经验和项目管理经验，你应该在简历中突出你10年的JavaScript开发经验，并详细说明你参与过哪些项目，以及在这些项目中承担的关键角色和责任。
2. **突出技术能力**：
   - 岗位职责中提到了领导技术团队和技术文档管理，因此在简历中强调你的领导能力，如何有效地管理团队，以及你在技术文档撰写和管理方面的经验和能力。
3. **展示团队合作与沟通能力**：
   - 针对任职要求中提到的沟通、协调和团队精神，确保简历中有实际案例说明你如何在团队中有效沟通，协调各方，以及你如何推动团队合作和项目前进。
4. **教育与专业发展**：
   - 根据任职要求，提及你的学历背景，特别是如果你有工科相关专业的学历，确保这一点在简历中清晰可见。
5. **突出售前经验**：
   - 如果你有售前经验，特别是在技术领域，确保详细说明你在售前方面的工作内容，以及你如何成功支持销售团队和客户。

图 3-22　ChatGPT 根据岗位要求调整简历

在向ChatGPT提问时，务必提供自己的相关经历、所掌握的技能等信息，以便ChatGPT能够充分了解情况，从而给出更有针对性的建议。如果是针对某个岗位的求职，最好能提供岗位或公司的相关信息。此外，还要明确自己具体想要改进简历的哪些方面，如突出技能、优化工作经历、调整排版等。

3.5.3　辅助面试

对许多职场人士来说，求职面试常常是一大挑战。尽管他们条件出色、能力超群，但在面试时却常感到手足无措，无法充分展现自身的实力，仿佛“憋着一肚子书却难以言表”。幸运的是，借助ChatGPT的智能辅助，职场人士可以有效掌握面试技巧，从容应对各种面试挑战，成功赢得理想的职位。利用ChatGPT进行模拟面试练习，获取有关简历优化的建议，甚至学习如何更好地表达自己的想法和经验，都能显著提升面试表现水平。

输入提示词：我正在准备一场针对市场销售和策划岗位的面试，根据这个岗位的要求和职责，给我提供一些建议，来帮助我在面试中脱颖而出。ChatGPT回复的内容如图3-23所示。

> **⑤ ChatGPT**
>
> 针对市场销售和策划岗位的面试，以下是一些帮助你脱颖而出的建议：
>
> 1. **熟悉公司背景和产品**：在面试前，深入研究该公司的历史、文化、产品或服务以及市场定位。了解它的主要竞争对手和行业趋势。这样可以在面试中展现出你对公司的兴趣和了解程度。
> 2. **准备成果案例**：准备一些具体的案例来展示你以往在市场销售或策划方面的成功经历，包括你采取的策略、面临的挑战、实施过程和取得的成果。用数据和事实来支撑你的成果。
> 3. **展示你的分析能力**：市场销售和策划岗位往往需要较强的数据分析能力。准备一些例子，展示你如何利用市场数据分析来驱动销售增长或优化营销策略。
> 4. **突出沟通能力**：无论是内部协作还是与客户沟通，出色的沟通技巧都是市场销售和策划工作的核心。在面试中，注意你的语言表达、听力和非语言沟通技巧，如肢体语言和眼神交流。
> 5. **理解最新营销趋势**：展示你对当前市场和营销趋势的了解，比如数字营销、社交媒体策略、内容营销等。讨论一下你如何将这些趋势应用到工作中，以及对未来营销策略的看法。
> 6. **准备问题**：面试不仅是公司评估你，也是你了解公司是否适合你的机会。准备一些问题，比如询问公司的市场发展策略、团队文化或未来的营销计划等。
> 7. **展现学习能力和适应性**：市场和技术的变化非常快，显示出你愿意学习新事物、适应变化并接受挑战的态度。

图 3-23　ChatGPT 回复岗位面试建议

面试技巧其实是很宽泛的，大家要确定自己具体需要提升哪方面的面试技巧，如自我介绍、回答某类问题或薪酬谈判等。然后向ChatGPT提供足够的背景信息，包括面试岗位、行业和公司等方面。一定要在提示词中明确希望在面试中达到的目标，如展现专业能力、展现沟通能力和强调大局意识等。

3.5.4　改善职场关系

社交技能是人际互动中不可或缺的一环，然而对许多人来说，它也是一大挑战。ChatGPT能够在这方面提供帮助，能够为人们提供在不同社交场合下恰当和有效的建议与技巧，帮助人们克服社交焦虑，改善人际关系。通过学习ChatGPT提供的指导，人们可以更自信地进行社交活动，提升沟通的效率。

输入提示词：我大学刚毕业，没接触过职场，马上就要开始职场生活了，我该如何做才能与同事更高效地协作呢？ChatGPT回复的内容如图3-24所示。

还可以直接将遇到的问题场景发给ChatGPT。输入提示词：领导希望我今天晚上加班完成一项工作，但我已经和重要的朋友约好了今晚一起吃饭和看电影，我该如何礼貌、委婉地拒绝上级领导的加班要求，同时不让上级领导对我产生不好的印象呢？请说明原理，并给我一个回复示例。ChatGPT回复的内容如图3-25所示。

ChatGPT

刚步入职场，与同事高效协作是非常重要的一步。这里有一些建议可以帮助你：

1. **主动学习和了解公司文化**：每个公司都有自己的文化和工作方式，花时间了解这些可以帮助你更快融入团队。
2. **积极沟通**：不要害怕提问或分享想法。清晰、及时的沟通能够减少误解，增加团队的协同效率。
3. **展示团队精神**：表现出乐于助人和合作的态度。当遇到团队任务时，主动承担责任，展现你的贡献和价值。
4. **建立人际关系**：利用午餐时间、茶歇或团队活动等机会，与同事建立良好的人际关系。了解他们的工作和兴趣，可以增进相互理解和支持。
5. **设定个人目标**：为自己设定短期和长期的职业目标，并探索如何通过团队协作实现这些目标。
6. **持续学习**：职场是一个不断学习和成长的环境。保持好奇心，主动寻求学习机会，无论是通过正式培训还是向经验丰富的同事学习。
7. **管理好时间**：高效的时间管理对于团队协作至关重要。学会优先处理重要任务，确保按时完成团队分配的工作。
8. **接受并提供反馈**：开放接受同事的反馈，同时以建设性的方式提供反馈。这有助于个人和团队的成长和改进。
9. **保持专业态度**：在所有交流中保持专业，包括电子邮件、会议和日常对话。专业的态度能够赢得同事的尊重和信任。

图 3-24 ChatGPT 回复初入职场建议

ChatGPT

在面对需要拒绝上级领导的加班要求时，关键在于表达你的立场，同时保持尊重和理解。这要求你既要考虑到自己的个人时间和承诺，也要体现出对工作的责任感和专业态度。以下是一些原则和建议：

1. **提前沟通**：尽可能早地告知你的上级你已有的计划，这样可以给予对方调整工作安排的时间。
2. **表达歉意**：在拒绝请求时，明确表达你的歉意，说明你理解这可能会带来的不便。
3. **说明原因**：简要说明你无法加班的原因，但无需过多详细描述个人事务。
4. **提供解决方案**：如果可能，提出替代方案，比如提前完成工作、委托给同事或者加班时间的调整。
5. **保持专业**：确保你的回复专业、礼貌，表明你的态度是出于对工作和个人时间的平衡考虑。

回复示例：

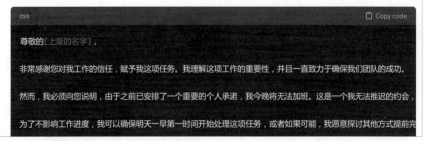

图 3-25 ChatGPT 回复解决职场问题建议

从图3-25中可以看到ChatGPT给出了具体的回复模板，大家可以作为参考。不同社交场景下的社交技巧是不同的，所以在向ChatGPT提问时，应交代清楚沟通的场景和背景。ChatGPT给出的建议仅作为参考，应用时要结合自己的性格特质和实际情况适度调整，如表3-5所示为一些提示词模板。

表3-5　职场相关技巧模板

场　　景	提示词内容
提升沟通技巧	能否分享在×××（职场沟通）中提升沟通效率的关键策略
解决工作冲突	请提供×××（数量）种在×××（职场）中解决同事冲突的实用方法
提高团队合作	如何增强×××（团队合作）的凝聚力
职场晋升策略	请探讨在×××（职场）中晋升的×××（数量）个有效策略
管理时间与任务	请分享×××（数量）种在×××（职场）中有效管理时间和任务的技巧
个人品牌建设	如何在×××（职场）中建立和维护个人品牌
应对面试挑战	能否提供在×××（职场面试）中脱颖而出的×××（数量）个技巧
职业发展规划	请提供制定×××（职业发展规划）的×××（数量）个重要步骤
避免职场疲劳	如何在×××（职场）中有效预防和应对工作疲劳
掌握公开演讲技巧	请分享×××（数量）种提升×××（公开演讲）技巧的方法

3.6　ChatGPT辅助自媒体创业

在自媒体行业，内容的创作与传播是核心任务，涵盖了文章创作、短视频拍摄、直播互动及资讯分享等，旨在建立与粉丝的连接并不断扩大影响力。利用ChatGPT，自媒体从业者能够获得以下方面的支持和增值：

·激发创意：ChatGPT能够基于当前热门话题或信息提供新颖的创意灵感，协助自媒体人规划和实施内容策略，持续满足粉丝对新鲜、有趣内容的需求。

·精准校正：通过ChatGPT的辅助，自媒体人可以对文章标题和内容进行语法及拼写的准确性校对，确保发布的内容专业无误，减少因语言错误导致的误解或负面影响。

·优化内容策略：ChatGPT还能够分析用户的反馈和互动数据，帮助自媒体人根据目标受众的偏好优化内容，同时提出关键词优化策略，提升内容的可见度和吸引力。

通过这样的应用，ChatGPT可以为自媒体领域提供强大的后援支持，不仅简化了内容创作过程，还提高了内容的质量和受众的参与度。

3.6.1　内容分析

ChatGPT可以对社会热点数据进行文本分析，以识别包含"最热门"和"最近"等关键词的文章。

输入提示词：你是一位美妆博主，请研究一下目前这个主题下最火的文章标题、社会热点新闻，请整理6个。ChatGPT回复的内容如图3-26所示。

ⓢ ChatGPT

在当前美妆博客界，以下是6个吸引人的文章主题和标题建议，这些可以为你的内容创作提供灵感：

1. **FaceOfTheDay彩妆教程**：分享你的日常彩妆技巧，如何通过简单的步骤获得自然妆容，增强自信和力量感。
2. **节日化妆心愿单**：讨论你在特定节日期间的化妆品心愿单，这是推广联盟产品的巧妙方式。
3. **十大护肤误区导致痘痘**：帮助读者识别可能导致痘痘问题的常见护肤错误 (Starter Story)。
4. **TikTok美妆趋势探索**：尝试并评价TikTok上的最新美妆趋势，判断它们是否值得跟随 (Starter Story)。
5. **独特香水推荐**：为职场或正式场合推荐合适的香水，以展现成熟和自信的氛围 (Starter Story)。
6. **采访美妆博主或影响者**：采访一位受欢迎的美妆博主或影响者，了解他们的美妆秘籍和生活方式 (Detailed)。

图 3-26　ChatGPT 回复热点文章标题和内容

不同行业的自媒体博主可以将ChatGPT给出的主题作为参考，丰富频道内容，提高与粉丝的互动度和参与度。尝试结合这些创意和趋势，为粉丝提供他们所期待的新鲜和有价值的内容。

3.6.2　活动策划

ChatGPT能够在活动策划方面提供帮助。它可以通过分析大量数据来预测目标受众的兴趣和偏好，从而帮助策划人设计出更具吸引力和参与度的活动。不仅如此，ChatGPT还能协助策划人生成吸引人的活动内容、创意的活动主题和精准的营销信息，确保活动能够触及匹配的受众群体。

输入提示词：我要举办一个华为手机周年庆粉丝抽奖活动，请列出6个活动主题。ChatGPT回复的内容如图3-27所示。

> ⑤ **ChatGPT**
>
> 为了庆祝华为手机的周年庆，并且吸引粉丝参与，以下是6个创意活动主题的建议：
>
> 1. **科技未来之旅**：围绕华为手机的创新科技特性，如5G速度、AI功能等，举办一场展望未来科技的在线讨论会或研讨会，并通过抽奖形式赠送最新款华为手机。
> 2. **华为手机摄影大赛**：鼓励用户使用华为手机拍摄并分享他们的作品。设置不同的主题类别，如自然、城市生活、人像等，并为获胜者提供奖品。
> 3. **回忆与华为**：邀请粉丝分享他们与华为手机的故事，如第一次使用华为手机的经历或用华为手机记录下的难忘瞬间。最感人或最有创意的故事可以获得奖品。
> 4. **华为科技日**：通过线上直播介绍华为的最新科技和产品。参与直播的观众有机会参与实时抽奖，赢取华为手机或其他华为科技产品。
> 5. **环球旅行挑战**：鼓励粉丝用华为手机记录下他们的旅行故事和照片。活动可以设立不同主题，比如"最美日出"或"城市探险"。最佳故事和照片的创作者将获得奖品。
> 6. **智慧生活体验营**：展示华为手机在智慧家居、健康跟踪等方面的应用。参与者通过解答关于华为手机功能的问答或参与在线体验活动，有机会赢取奖品。

图 3-27　ChatGPT 回复活动策划主题

可以继续增加活动要求，输入提示词：针对活动3写出一个策划方案，包括：活动规则、活动安排、推广方式和推广渠道等。ChatGPT回复的内容如图3-28所示。

> ⑤ **ChatGPT**
>
> ## 活动策划案：回忆与华为
>
> **活动背景**：
>
> 为庆祝华为手机周年庆，举办"回忆与华为"故事分享活动，深化品牌与用户的情感连接，同时展示华为手机伴随用户记录生活的独特价值。
>
> **活动目标**：
>
> - 增强品牌忠诚度和用户参与度。
> - 收集用户故事，用于未来的品牌宣传。
> - 提升华为手机周年庆的整体曝光度。
>
> **活动规则**：
>
> 1. 参与者需使用华为手机拍摄一张照片或一段视频，并附上与华为手机相关的个人故事。
> 2. 内容需要真实反映"与华为的回忆"，可以是旅行、日常生活、特殊事件等。
> 3. 提交作品时，需在社交媒体上使用指定的活动标签（例如：#回忆与华为#）。
> 4. 活动时间：从XXXX年XX月XX日开始，至XXXX年XX月XX日结束。
> 5. 获奖作品将根据创意、情感表达和故事性进行评选。

活动安排：

- **启动阶段**（第一周）：发布活动公告，解释活动规则。
- **参与阶段**（第二周至第四周）：用户提交作品，社区投票和分享。
- **评选阶段**（第五周）：专业评委和社区投票共同选出获奖作品。
- **颁奖阶段**（第六周）：公布获奖名单，颁发奖品，并通过华为官方渠道展示获奖作品。

推广方式和渠道：

1. **社交媒体**：在微博、微信、抖音等社交平台上发布活动信息，利用话题标签增加曝光。
2. **官方网站和应用**：在华为官网和社区APP内设置活动专栏，引导用户参与。
3. **合作伙伴**：与知名博主或影响力人物合作，通过他们的渠道推广活动。
4. **线下活动**：在华为体验店举办小型线下分享会，邀请用户现场分享他们的华为故事。
5. **媒体宣传**：通过新闻稿和在线媒体发布活动信息，扩大活动的影响力。

奖品设置：

- **一等奖**：最新款华为手机1台。
- **二等奖**：华为智能手表3名。
- **三等奖**：华为耳机5名。
- **参与奖**：华为手机周年庆定制纪念品，100名。

图 3-28　ChatGPT 回复详细活动策划案

　　结合ChatGPT给出的内容，通过精心优化和有效推广，策划人能够快速创办一场高品质的品牌营销活动，增强用户对推广品牌的好感和忠诚度。

3.6.3　生成内容

　　ChatGPT能够依据用户提供的主题、概要和大纲创作文章，同时也能提供文本校对服务，帮助自媒体人改进文章在语法、拼写、标点及句子长度等方面的问题，确保文章的准确性与易读性，从而提升文章质量。为了确保所创作的内容尽可能地符合预期，可以使用ChatGPT给出一份对标的文章结构，包括段落划分、标题选取、摘要编写、引言撰写及结论总结等，以保证文章内容的条理性和逻辑性。

　　输入提示词：给出6个小红书风格的热门标题，主题是自媒体人如何利用AIGC工具创建内容，ChatGPT回复的内容如图3-29所示。

ChatGPT

1. **"解锁AIGC工具：自媒体新手的内容创造秘籍"**：分享AIGC工具如何帮助初入自媒体行业的创作者快速产出高质量内容。
2. **"用AIGC工具创作爆款内容的5大技巧！"**：详细介绍五种使用AIGC工具提高内容吸引力的方法，帮助自媒体人抓住观众的心。
3. **"告别创作瓶颈：如何用AIGC让你的创意永不枯竭"**：探讨如何利用AIGC工具突破创作限制，保持创意和内容的新鲜感。
4. **"不可不知：AIGC工具让自媒体运营变得轻松"**：讲述AIGC工具如何简化自媒体内容的制作和发布流程，节省时间和精力。
5. **"AIGC工具背后的魔法：打造个性化内容的秘诀"**：解密AIGC工具如何根据目标受众定制个性化内容，提高内容的相关性和互动性。
6. **"从平庸到出众：AIGC工具提升你的内容策略"**：分享如何通过AIGC工具升级你的自媒体内容策略，从众多内容中脱颖而出。

图 3-29　ChatGPT 回复小红书热门标题

输入提示词：我要制作一期视频，主题是自媒体人员如何利用AIGC工具创建内容，请帮我列一个视频大纲，ChatGPT回复的内容如图3-30所示。

ChatGPT

视频大纲：自媒体人如何利用AIGC工具创建内容

引言

- 简短介绍自媒体行业的竞争与内容创作的挑战。
- 引入AIGC（人工智能生成内容）作为解决方案的背景。

AIGC工具概述

- 定义AIGC，解释它如何工作。
- 列举几种流行的AIGC工具及其特点。

AIGC在自媒体内容创作中的应用

- 文本内容创作：介绍如何使用AIGC工具生成文章、博客或脚本。
- 视频内容创意：展示AIGC如何帮助构思视频主题和剧本。
- 图像与设计：讲述AIGC工具在创造视觉内容、封面设计中的作用。
- 音频与音乐：探讨AIGC在制作背景音乐、播客内容中的应用。

实际操作演示

- 挑选一个或几个AIGC工具进行演示，展示从创建到完成的整个过程。
- 分享个人使用技巧和注意事项。

AIGC工具的优势与挑战

- 详细讨论利用AIGC工具创作内容的优点，如节约时间、提高效率和创意。
- 分析面临的挑战，如保持内容的原创性和个性，以及版权问题。

如何有效利用AIGC工具

- 提供最佳实践和策略，帮助自媒体人员发挥AIGC工具的潜力。
- 讨论如何结合AIGC和人工创作，保持内容的人性化和亲和力。

结论

- 总结AIGC在自媒体内容创作中的重要性和潜力。
- 鼓励自媒体人尝试利用AIGC工具，创新内容创作方式。

呼吁行动

- 邀请观众分享他们使用AIGC工具的经验和成果。
- 提供进一步学习资源和链接，鼓励观众深入探索。

图 3-30　ChatGPT 回复视频大纲

也可以运用ChatGPT对内容进行修饰，输入提示词：将提供的文章修饰一下，让它更加通俗易懂。【文章内容】人工智能是研究、开发用于模拟、延伸和扩展人的智能的理论、方法、技术及应用系统的一门新兴学科。它是计算机科学的一个分支，它试图掌握智能的实质，并生产出一种新的能以与人类智能相似的方式做出反应的智能机器，该领域的研究包括机器人、语言识别、图像识别、自然语言处理和专家系统等。人工智能自诞生以来，理论和技术日益成熟，应用领域也不断扩大，可以设想，未来人工智能带来的科技产品，将会是人类智慧的“容器”。

人工智能可以对人的意识、思维的信息化过程进行模拟。人工智能不是人的智能，它能模拟人的思考方式，并执行相应任务，也可能超过人的智能。

“【 】”只是为了做区别，告诉ChatGPT需要优化的文章内容，大家也可以换成其他成对的有区别含义的符号，ChatGPT回复的内容如图3-31所示。

ChatGPT

想象一下，如果我们能制造出一台超级聪明的机器，它不仅能像人一样思考，还能做人做不到的事情。这就是人工智能（简称AI）的魔法所在！

人工智能就像是科学家们创造的一种特别的大脑，它能帮助电脑和机器人做很多酷炫的事情，比如识别我们说的话、识别图片里的东西，甚至能帮我们做决定和解决问题。

这种大脑是怎么来的呢？科学家们观察人类的大脑是怎么工作的，然后用计算机程序模仿这种方式。虽然这种大脑是用电脑程序制造的，但它试图让机器能像人一样思考。想一想，如果你有一个能像你一样思考的机器人朋友，那会有多酷呀！

从人工智能被创造出来到现在，它已经学会了很多技能，比如帮助医生诊断病情、控制智能家居，甚至驾驶汽车！科学家们相信，在未来，人工智能会变得更聪明，能做更多帮助人类的事情。

所以，人工智能就像是一个充满无限可能的魔法世界，等待我们去探索和发现。

图 3-31　ChatGPT 优化文章内容

3.6.4　写视频脚本

通过与ChatGPT互动，可以轻松获得丰富多样的创意内容，在撰写视频脚本时，可以辅助自媒体人，使视频脚本充满新意和吸引力。不仅如此，ChatGPT还能帮助自媒体人优化故事结构，确保情节流畅、人物形象鲜明，极大地提升内容的质量和观众的黏性。

输入提示词：我正在撰写一份关于北京市的纪实短视频脚本，请帮助我细化重点，使短视频内容更能突出主题，ChatGPT回复的内容如图3-32所示。我们可以使用如表3-6所示的一些提示词模板生成符合我们需求的视频脚本。

ChatGPT

在撰写关于北京市的纪实短视频脚本时，可以考虑以下几个方面来细化重点，以确保内容紧扣主题且具有吸引力：

1. **历史悠久的地标**：介绍北京的历史地标，如故宫、天安门、长城等，讲述它们的历史故事和文化意义，展现北京深厚的历史底蕴。
2. **现代都市风貌**：展示北京的现代化面貌，如CBD商业区、奥林匹克公园等，反映北京作为国际大都市的繁华和发展。
3. **传统与现代的融合**：探索北京如何在保持传统文化精髓的同时，迎接现代化的挑战和机遇，例如怎样的传统节日在现代依然被庆祝，以及传统手艺人如何在现代社会中寻找他们的位置。
4. **北京的生活方式**：通过日常生活场景，如早市、胡同生活、茶馆文化等，展现北京人的生活方式和社会风貌。
5. **美食文化**：介绍北京的传统美食，如北京烤鸭、炸酱面等，探讨这些美食背后的文化和故事。
6. **城市绿洲**：展示北京的自然美景，如颐和园、北海公园、植物园等，反映城市中的自然氧吧和市民的休闲生活。

图 3-32　ChatGPT 回复视频脚本

表 3-6　自媒体相关模板

场　　景	提示词内容
掌握基础概念	能否阐释×××（内容策略）在×××（自媒体创作）中的应用或重要性
探索实用技巧	请分享×××（数量）种在"自媒体创作"中利用 ChatGPT 进行话题研究的实用技巧
提高创作效率	如何利用×××（ChatGPT）在×××（自媒体创作）中提高文章创作速度
优化内容质量	请分享×××（数量）种利用 ChatGPT 提升×××（自媒体文章质量）的方法
提升社交媒体互动	能否阐释×××（互动内容）在×××（（社交媒体策略）中的重要性，以及如何使用 ChatGPT 生成
SEO 策略	请分享×××（数量）种在×××（自媒体创作）中应用 ChatGPT 进行 SEO 优化的实用技巧
视频脚本创作	如何利用"ChatGPT"在×××（视频内容创作）中快速生成吸引人的脚本
构建品牌故事	请分享×××（数量）种使用 ChatGPT 帮助×××（自媒体品牌）构建和讲述品牌故事的策略
增强创意思维	如何利用 ChatGPT 在×××（自媒体内容创作）中突破思维限制，激发新的创意
精准定位受众	能否阐释×××（受众分析）在×××（自媒体市场策略）中的应用或重要性，以及如何利用 ChatGPT 进行受众分析

3.7　ChatGPT 辅助高效办公

在这个信息泛滥的时代，高效且精确地获取有价值的信息对提高人们的工作效率至关重要。虽然搜索引擎能够迅速提供查询结果，但过滤和处理这些信息的负担依旧沉重。

ChatGPT的出现为这一挑战带来了转机。通过与多种插件的整合，ChatGPT使人们能够直接接入专业的数据源，获取到更为精确的信息。它通过理解对话内容的上下文来识别关键的搜索词，从而帮助人们找到真正符合需求的、定制化的信息，为人们的业务决策提供强有力的信息支持。

3.7.1　辅助Word操作

在处理Word文档时，人们偶尔会碰到一些操作需求，如设置特殊的封面背景或调整页码起始页。虽然这些任务本身并不复杂，但如果缺乏相关经验，可能需要花费大量时间去搜索如何执行这些特定的操作。现在，有了ChatGPT作为IT顾问，人们只需向它提出问题，便能获得详尽的操作指南。

输入提示词：如何在Word 2019中设置封面页不显示页码，ChatGPT回复的内容如图3-33所示。

> **ChatGPT**
>
> 要在Word 2019中设置封面页不显示页码，可以使用"不同的首页"选项。具体步骤如下：首先，双击页眉或页脚区域打开"页眉和页脚工具"，然后选择"设计">"页码">"设置页码格式"。将"起始页码"设置为0，然后点击确定。接下来，选择"首页不同"。最后，关闭页眉和页脚编辑区域。这样设置后，封面页就不会显示页码，而文档的其他部分将正常显示页码。

图 3-33　ChatGPT 回复 Word 操作技巧

由于Office各版本的界面存在差异，指定软件版本有助于获得精确的操作指南。例如，询问ChatGPT如何在特定版本中使用语法检查功能，可直接获得专业且详尽的回答。这不仅体现了ChatGPT的高效性，也极大地节约了人们寻找答案的时间。

对于需要在大型文档中进行批量格式处理的情况，比如统一修改文档中所有图片的大小，ChatGPT还能迅速帮助人们生成可视化基本应用程序（Visual Basic for Applications，简称VBA）脚本代码，极大地提升人们的工作效率。通过ChatGPT的智能支持，人们可以节省出更多的时间来专注于内容创作，而不是被烦琐的格式调整任务所困扰。

图 3-34　ChatGPT 生成 VBA 代码

输入提示词：请帮我生成VBA代码，实现在Word文件中打印10个"我爱ChatGPT"，每次打印后换行，将文件另存为"chatgpt.docx"并关闭文件，ChatGPT回复的内容如图3-34所示。

ChatGPT不只提供了详尽的代码示例，还详细阐述了操作步骤。将这段VBA代码导入Word并执行，便可轻松实现人们预期的效果。

3.7.2　辅助PPT操作

当创建PPT时，ChatGPT的能力远超基础操作指导和生成批量VBA代码，它能帮助人们设计出内容架构。通过理解人们输入的主题和目标，ChatGPT能提出创意的内容布局和结构化建议，帮助人们构思出既有逻辑性又富有吸引力的演示文稿。

输入提示词：在PPT页面中添加水印，进行版权保护，请给出具体操作，ChatGPT回复的内容如图3-35所示。

> **ChatGPT**
> 为PPT页面添加水印以进行版权保护，你可以使用"母版视图"来插入一个水印，这样它会出现在所有幻灯片上。具体步骤如下：首先，在"视图"菜单中选择"母版视图"，然后选择"幻灯片母版"。接下来，在"插入"菜单中选择"图片"或"文字框"来添加你的版权信息或徽标作为水印。调整水印的大小、位置和透明度，以确保它不会干扰幻灯片内容的阅读。完成后，关闭"母版视图"。这样，你的版权保护水印就会显示在所有幻灯片上。

图 3-35　ChatGPT 回复 PPT 操作技巧

ChatGPT还可以帮助人们进行内容大纲设计。输入提示词：设计一个PPT内容大纲，5页，关于ChatGPT辅助办公，ChatGPT回复的内容如图3-36所示。

将图3-36中的Markdown代码复制到其他AI生成PPT软件中，就能生成完整的PPT文件，生成的效果如图3-37所示。

在日常工作中，人们经常需要将不同的PPT材料融为一体，并统一格式，如字体等。手动调整每一页既耗时又容易遗漏。此时，可以向ChatGPT咨询如何使用VBA代码快速实现这一功能，从而节省时间，确保每一页的格式都统一无误。

输入提示词：统一PPT中的字体为"微软雅黑"，用VBA代码实现，ChatGPT回复的内容如图3-38所示。

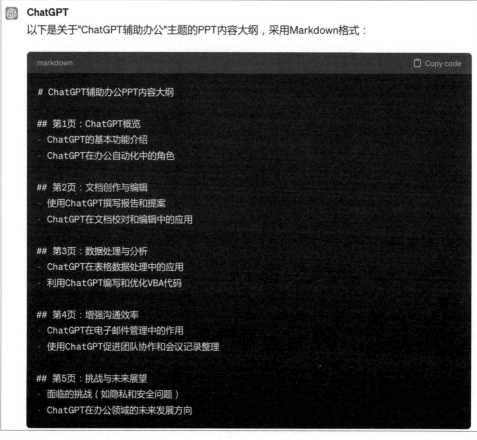

ChatGPT

以下是关于"ChatGPT辅助办公"主题的PPT内容大纲，采用Markdown格式：

```markdown
# ChatGPT辅助办公PPT内容大纲

## 第1页：ChatGPT概览
- ChatGPT的基本功能介绍
- ChatGPT在办公自动化中的角色

## 第2页：文档创作与编辑
- 使用ChatGPT撰写报告和提案
- ChatGPT在文档校对和编辑中的应用

## 第3页：数据处理与分析
- ChatGPT在表格数据处理中的应用
- 利用ChatGPT编写和优化VBA代码

## 第4页：增强沟通效率
- ChatGPT在电子邮件管理中的作用
- 使用ChatGPT促进团队协作和会议记录整理

## 第5页：挑战与未来展望
- 面临的挑战（如隐私和安全问题）
- ChatGPT在办公领域的未来发展方向
```

图 3-36 ChatGPT 回复 PPT 内容大纲

图 3-37 PPT 内容

图 3-38 ChatGPT 回复在 PPT 中输入 VBA 代码

3.7.3 辅助Excel操作

在现代办公中，Excel文件的应用非常广泛。如果能够有效利用ChatGPT来辅助生成和优化Excel文件，将大大提高工作效率和数据处理能力。ChatGPT可以协助人们自动填充数据、生成复杂的公式和图表，甚至根据自然语言指令来处理和分析数据。利用ChatGPT可以让非技术人员也能轻松地进行高级数据分析和报告制作，从而释放人力资源，专注于更有创造性和策略性的任务。

输入提示词：公司2023年6月份销售数据如下。

产品名称：苹果、香蕉、西瓜。

上月（5月份）销量：苹果300个，香蕉350个，西瓜200个。

本月（6月份）销量：苹果550个，香蕉200个，西瓜400个。

单价：苹果9元/个，香蕉5元/个，西瓜15元/个。

报表要求如下：

（1）包含产品名称、销量、单价、金额及6月合计金额。

（2）根据销量与单价计算出金额和6月份合计金额。

（3）金额采用人民币并保留小数点后两位。

（4）在报表末尾新增"相比上月增长率"列，计算本月合计金额相比上月合计金额的增长百分比。

ChatGPT回复的内容如图3-39所示。

ChatGPT

我将为您提供一个基于您提供的数据的报表计算方法示例：

产品销售报表

产品名称	5月销量	6月销量	单价（元）	5月金额（元）	6月金额（元）
苹果	300	550	9	2700	4950
香蕉	350	200	5	1750	1000
西瓜	200	400	15	3000	6000

计算合计金额

- 5月合计金额 = 苹果5月金额 + 香蕉5月金额 + 西瓜5月金额 = 2700 + 1750 + 3000 = 7450元
- 6月合计金额 = 苹果6月金额 + 香蕉6月金额 + 西瓜6月金额 = 4950 + 1000 + 6000 = 11950元

计算增长率

- 增长率 = ((6月合计金额 - 5月合计金额) / 5月合计金额) * 100% = ((11950 - 7450) / 7450) * 100% ≈ 60.40%

图 3-39　ChatGPT 回复数据报表

图3-39生成的图表是文字描述，要让ChatGPT辅助生成Excel表格，需要先生成CSV表格，然后再生成Excel表格。

输入提示词：将上面刚生成的报表转换成CSV表格，ChatGPT回复的内容如图3-40所示。

ChatGPT

我无法直接创建或转换文件，包括CSV表格。但我可以提供一个CSV格式的文本示例，你可以将其复制并粘贴到文本编辑器中，然后保存为`.csv`文件。

```plaintext
产品名称,5月销量,6月销量,单价（元）,5月金额（元）,6月金额（元）,增长率（%）
苹果,300,550,9,2700,4950,60.40
香蕉,350,200,5,1750,1000,60.40
西瓜,200,400,15,3000,6000,60.40
```

图 3-40　ChatGPT 回复 CSV 格式文件

接下来只需在Excel中打开该CSV文件，就能将其另存为.xlsx格式的文件。

利用ChatGPT，可以高效地分析Excel数据。此过程极其简单，仅需将Excel表格中的数据复制粘贴至ChatGPT，并附上具体的分析需求即可。比如，若手头有一份涉及各区域按季度划分的销售数据表格，只需将此数据输入ChatGPT，便可轻松获得深入分析。

输入提示词：针对这些数据可以进行哪些分析？如图3-41所示，ChatGPT回复的内容如图3-42所示。

图 3-41　提示内容

ChatGPT

- **趋势分析**：观察不同地区随时间的人口增长或下降情况。
- **分布分析**：评估人口是如何在不同地区或人群中分布的。
- **比较分析**：比较不同地区之间或与前期相比的人口数据，以识别显著变化。
- **密度分析**：计算人口密度，了解不同地区的人口密集程度。
- **相关性分析**：研究人口分布与经济指标或资源可用性等其他因素之间的关系。

图 3-42　ChatGPT 针对数据进行分析

输入提示词：随着年份变化，男性和女性数据有什么相关性？ChatGPT回复的内容如图3-43所示。

> **ChatGPT**
>
> 男性和女性人口数据很可能显示出非常高的正相关性。这意味着随着时间的推移，如果男性人口数量增加或减少，女性人口也很可能以相似的方式增加或减少，反映出人口增长或下降的趋势。在大多数情况下，人口结构变化是全面的，影响到男性和女性人口，尽管由于生物学、环境、社会等多种因素，男女比例可能会有所波动，但这些波动通常不足以影响整体的相关性。
>
> 如果男性和女性人口数据是按年度记录的，并且涵盖了几十年的时间范围，我们可以预期，随着社会发展、医疗条件改善和生活水平提高，两性人口会共同增长或在某些情况下共同减少，这种共同变化导致了高度的正相关性。

图 3-43　ChatGPT 回复男性和女性数据的相关性

以上只是一个基础的分析，除此之外还可以根据行业的特性和市场情况等指标让ChatGPT细化分析内容，从而发掘出数据中更有价值的内容。

3.7.4　辅助会议纪要

虽然语音转文本技术已经较为成熟，但将其直接应用于会议纪要制作时仍面临挑战，如语气词过多、专业名词识别不准确等。ChatGPT在此过程中能够提供重要帮助。作为先进的语言模型，ChatGPT能够理解上下文、区分不同的主题，并准确处理专业术语。利用ChatGPT，可以将冗长的会议记录高效地转换为清晰化、结构化的会议纪要，极大地提升会议纪要的质量和效率。

以公司的产品营销计划为例，多位参与者围绕市场推广策略、销售渠道、营销预算等主题进行了深入讨论，每位参与者都表达了自己的观点和立场。为了从这样复杂的讨论中整理出清晰的会议纪要，可以使用ChatGPT。只需将会议记录提交给ChatGPT，并指明这是会议内容，期望它能整理成思维导图形式的纪要，ChatGPT就能帮助明确会议中的关键主题和每位参与者的观点，从而制作出结构化且清晰的会议纪要。

输入以下提示词。

参与人员：Bool（产品经理）、Sam（市场主管）、Chop（销售主管）、Danny（首席执行官）。

Bool：我们的最新产品XYZ，已经准备好进入市场了。我认为我们应该制订一个全面的营销策略来推动销售。

Sam：Bool，你说得对，我们需要一种方法来使产品脱颖而出。但我想先听听Chop的看法，毕竟他最了解我们的销售渠道。

Chop：我同意Sam。我们应该优先考虑我们的分销商，可能需要和他们一起制订一些激励方案。这样一来，他们也能更积极地销售我们的产品。

Alice：Chop，你的提议很好。我们也需要与公关团队一起，确保我们的产品信息能在所有相关的平台上发布。

Danny：这些都是很好的点，但我们还需要考虑到产品定位的问题。我们需要找到一种方法，让消费者清楚地看到我们的产品与竞品的不同。

Sam：Danny，你的观点很重要。我们必须在营销方案中清晰地体现产品的独特性。

Chop：我们也应该考虑一下营销预算的问题。我们需要找到一种平衡，既能让产品获得足够的市场曝光，又不会过度消耗我们的资源。

ChatGPT回复的内容如图3-44所示。

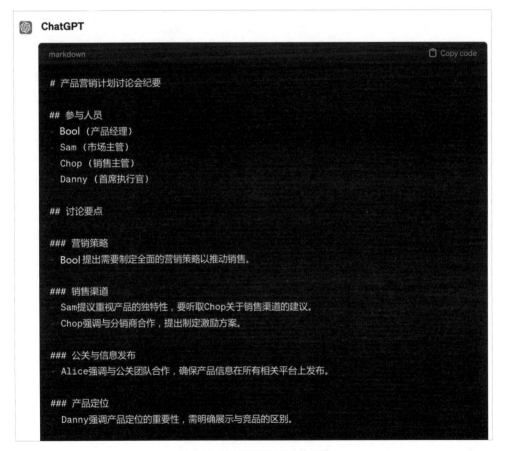

图 3-44　ChatGPT 回复会议纪要

观察ChatGPT整理的会议纪要，可以明显看到其精确地捕捉了讨论的核心内容：营销策略的制定，以及产品定位与营销预算的平衡。ChatGPT条理清晰地对会议内容进行整理：首先概述每位参与者的主要观点，随后总结大家的共识，并以行动计划作为结束。这种会议纪要的记录方式确保人们能够快速抓住会议的精髓，高效推进后续的实施步骤，如表3-7所示为一些提示词的模板。

表 3-7　辅助办公模板

场　　景	提示词内容
Word 文档编辑	如何在 Word 中使用某种格式来提高文档的可读性
Excel 数据分析	如何利用 Excel 进行销售数据的月度趋势分析
PPT 演示制作	能否分享制作引人入胜的 PPT 演示关键技巧
办公自动化	如何利用办公软件实现日常工作流程的自动化处理
会议纪要整理	我刚结束一场项目讨论会，如何能够快速整理出会议的要点和执行计划
文档协作	如何使用云端办公工具实现团队成员之间的实时文档协作
效率提升技巧	在繁忙的工作中，有哪些快捷键或技巧可以提升办公效率

3.8　ChatGPT 辅助数据开发

ChatGPT的编程能力也引发了人们的广泛讨论。一方面，有人认为它达到了高级程序员的水平；另一方面，有人认为其编程能力仅限于基础。2023年2月，ChatGPT在人力资源考评中以L3级工程师的身份加入谷歌，年薪18万美元，这证明了其在编程面试中对复杂技术问题的精准回答能力，体现了其编程专业水平在职场中被认可。ChatGPT之所以具备强大编程能力，源自其训练数据中包含大量编程语言，涵盖多个软件开发领域。此外，ChatGPT的编程训练不仅提升了其逻辑能力，还提高了复杂场景下的推理能力，使其超越基础程序员的开发水平，能够从事更高级的软件开发和项目管理工作。

输入提示词：写一个计算1000以内所有偶数之和的程序，ChatGPT回复的内容如图3-45所示。

图 3-45　ChatGPT 回复偶数之和的程序

ChatGPT仿佛一支集万千才华于一身的IT团队，能够协助人们深入挖掘项目需求、熟练编写前后端代码，乃至构建整个项目架构。借助ChatGPT，人们不仅可以获得一位顶尖程序员的协助，更拥有了一支能独立驰骋于项目海洋的IT精英队伍。无论是编程、UI设计、项目管理还是项目架构，ChatGPT都能轻松驾驭，展现其非凡的全能才干。首先，让ChatGPT为项目输出一份产品的初步设计方案。

输入提示词：我想制作一个电商类App，帮我规划"产品设计方案"，ChatGPT回复的内容如图3-46所示。

当ChatGPT接收到一个复杂任务的指令时，它能够准确理解项目的核心需求，将这个大任务转化为编程开发任务，并拆解成一个个子任务，并逐步实现。如果问它如何开发一个电商类App，它能够写出清晰的开发路径，包括需求收集、产品设计、开发、集成与测试、部署与维护、市场推广的全部流程。

在面对大型且复杂的项目时，诸如代码安全、运行效率和全方位测试等挑战变得尤为重要。借助ChatGPT，能够有效地解决这些问题，确保项目的有序进行。

·安全性评估：在项目开发初期，确保代码和架构的安全性至关重要。这类似于为建筑工程打地基，以防范潜在的安全威胁。ChatGPT可作为安全顾问排查潜在的风险并提供具体的解决策略。

> **ChatGPT**
>
> 要规划一个电商类App的产品设计方案，首先要从用户需求出发，考虑到用户体验、产品功能、技术实现等多个维度。下面提供一个切实可行的精简方案：
>
> **用户需求分析**
>
> - **目标用户**：定位目标用户群体，了解他们的购物习惯和偏好。
> - **用户痛点**：收集用户在使用现有电商平台时遇到的问题和不便，比如搜索不精确、支付流程繁琐、客服响应慢等。
>
> **产品功能规划**
>
> 1. **商品浏览**：提供清晰、直观的商品分类，支持多条件筛选和搜索，以便用户快速找到所需商品。
> 2. **订单管理**：用户可以轻松查看和管理自己的订单状态，包括下单、支付、物流追踪等。
> 3. **购物车**：支持一键加入购物车，以及购物车内商品的编辑功能（增减数量、删除等）。
> 4. **用户评价**：购买后的用户可以对商品进行评价，新用户可参考评价做购买决策。
> 5. **客服系统**：提供即时的客服沟通功能，解决用户在购物过程中遇到的问题。
>
> **技术实现简化**
>
> - **前端**：选择成熟的前端框架（如React Native或Flutter）进行跨平台App开发，加快开发速度，降低成本。
> - **后端**：利用云服务提供的后端服务（如AWS Amplify、Firebase等），减少后端开发工作量，同时确保系统的可扩展性和安全性。
> - **支付接口**：集成第三方支付服务（如支付宝、微信支付等），简化支付流程，提高支付成功率。
>
> **用户体验设计**
>
> - **简洁明了的界面**：界面设计上追求简洁、直观，确保用户能够快速上手。
> - **流畅的用户操作流程**：优化用户操作流程，减少用户操作步骤，提升用户体验。
> - **个性化推荐**：根据用户的浏览和购买历史，提供个性化商品推荐。
>
> **实施计划**
>
> - **原型设计**：利用原型工具（如Figma、Sketch等）绘制App的原型图。
> - **开发与测试**：按照功能模块划分开发任务，实施敏捷开发，持续集成和测试。
> - **用户反馈**：发布Beta版本后，收集用户反馈，根据反馈调整和优化产品。

图 3-46　ChatGPT 回复产品设计方案

· 性能优化：项目开发中期，实现基本功能后，接下来的任务是对代码进行优化，以改善结构和提高性能，便于未来的系统维护和升级。在此阶段可借助ChatGPT进行代码优化和性能提升。

· 全面测试：进入开发后期，全面的代码测试变得尤为关键。ChatGPT能够扮演测试工程师的角色，根据人们提供的原始代码，自动生成测试脚本，实现自动化测试。

· 多平台部署：项目完成后，通常需要考虑跨平台部署。在此阶段，ChatGPT如同一位语言转换专家，快速将代码从一种编程语言转换为另一种。

借助ChatGPT，不仅能够提高编程的质量和效率，还能够在项目的每一个阶段中实现更高的工作效率和项目管理的优化，如表3-8所示为一些提示词模板。

表3-8 辅助开发模板

场 景	提示词内容
编程基础学习	请向我介绍学习 Python 基础的最佳路径是什么
数据可视化	能否指导如何使用 Excel 或其他工具制作销售业绩的动态图表
代码问题调试	我在编程时遇到了一个错误，ChatGPT 能否帮助我理解并解决这个问题

3.9 ChatGPT 在财务行业中的应用

在当前数字化快速发展的背景下，ChatGPT等人工智能技术在财务管理领域的应用日益广泛，已成为提升财务操作效率和准确性的重要工具。ChatGPT特别适用于处理和分析大量的财务文档，能够在短时间内自动提取关键信息，并辅助生成财务报告。这不仅优化了财务数据处理流程，还为财务决策提供了强大的数据支持。

输入提示词：我需要一些建议来简化报告生成的流程。请考虑数据提取、模板使用，以及任何可以简化和加速流程的操作。另外，提供一些ChatGPT用于生成报告并提高效率的例子，ChatGPT回复的内容如图3-47所示。

除了上述方式，还可以用于以下场景。

·自动化文档处理：ChatGPT可以快速识别和解析财务文档中的关键信息，如公司名称、交易日期和财务指标等。例如，在处理会计凭证、银行对账单或财务报表时，它能自动识别文档内容，提取所需数据，减少人工输入的工作量和出错率。这种技术尤其适用于需要处理大量历史数据的场合，能显著提高数据处理的速度和精确度。

·提升财务报告生成速度：利用ChatGPT生成财务报告不仅速度快，还能保证信息的准确性和完整性。在编制年度报告、季度分析或投资者的更新信息时，ChatGPT能根据预设模板快速填充关键数据和文本，制作出格式统一、信息准确的财务报告。此外，ChatGPT的自然语言处理能力还可以根据原始数据自动生成管理摘要和分析评论，为决策者提供及时的业务洞察。

·优化财务数据分析：ChatGPT的应用不局限于处理文档和生成报告，还包括对财务数据的深入分析。通过对历史数据的学习，ChatGPT可以预测未来的趋势，识别潜在的财务风险，甚至提出优化建议。例如，它可以分析销售数据，预测季节性变化，指出成本控制的潜在领域，或者识别收入增长的新机会。

---

⑤ ChatGPT

要简化报告生成的流程，可以采用以下几种方法，结合使用ChatGPT等人工智能工具来提高效率和准确性：

1. **数据提取自动化**：利用AI工具，如ChatGPT配合专门的数据提取算法，从各种财务数据库和系统自动提取所需数据。例如，可以设定ChatGPT自动从财务软件中提取上月的销售数据、支出和利润等关键指标。
2. **使用模板**：预先设计好一系列标准化的报告模板，每种类型的报告都有对应的模板。利用ChatGPT来根据提取的数据自动填充这些模板，确保报告格式一致且易于阅读。
3. **流程集成**：将ChatGPT集成到现有的财务和业绩管理工具中，比如ERP系统或财务分析软件。通过API连接，使ChatGPT能直接在这些系统中操作，从而简化操作流程，减少人工输入。
4. **自动化报告生成**：设置ChatGPT根据预定时间表自动生成报告，例如每月财务报告或季度业绩报告。用户只需要审查和最终确认即可。
5. **实时更新和迭代**：利用ChatGPT实现报告的实时更新，随时反映最新数据和趋势。比如，如果在月末关闭账目前，需要预览财务情况，ChatGPT可以快速生成当前的财务状况预览报告。

应用示例：

- **自动数据解析与报告草拟**：比如，财务团队每月需要生成多个部门的支出报告。通过使用ChatGPT，可以自动从会计软件中提取支出数据，按部门分类，并草拟初步的支出报告，待财务经理审阅和修改。
- **绩效分析报告**：ChatGPT可以用来分析员工的工作绩效数据，根据预设的绩效指标自动生成个人或团队的绩效报告，帮助管理层快速了解团队表现。

图3-47　ChatGPT回复简化财务报告生成流程

・辅助制定决策：在规划策略和制定决策的过程中，准确及时的财务信息至关重要。ChatGPT可以实时处理并分析最新的财务数据，为管理层提供必要的信息支持。这种即时分析能力使得决策过程更为灵活、高效，帮助公司快速响应市场变化，制定更有效的业务策略。

　　ChatGPT在财务领域的应用极大地提高了工作效率和决策质量。通过自动化的文档处理、快速准确的报告生成、深入的数据分析及对决策制定的支持，ChatGPT可以在财务领域发挥降本增效的作用，帮助企业更好地适应数字化转型的要求，如表3-9所示为一些提示词模板。

表3-9 财务领域应用模板

场 景	提示词内容
财务规划	如何制订个人财务规划？请列举几个关键步骤
投资分析	介绍一种常见的投资分析方法，并说明其优缺点
会计原理	解释会计中的"资产负债表"是什么，以及它的作用
税务筹划	讨论税务筹划的重要性，并提供几个简单的筹划建议
财务报表分析	如何利用财务报表分析公司的财务状况？请列举几个常用的财务比率和其含义
风险管理	在财务工作中，如何评估和管理风险？请介绍一种常用的风险管理方法
成本控制	控制成本是财务工作中的重要任务。请分享几个降低成本的实用技巧
预算规划	预算规划在财务管理中扮演重要角色。请解释预算规划的意义，并提供一些制定有效预算的建议

3.10 ChatGPT 在法律行业中的应用

ChatGPT可以根据给定的模板和关键信息生成各种常用的法律文件，包括但不限于诉讼请求书、雇佣合同和合作协议等。例如，在处理财产纠纷案件时，律师只需要提供相关的案件细节，ChatGPT就能自动草拟一份初步的诉讼请求书。

输入提示词：根据指定的要求，生成一份雇佣协议，确保包含以下内容。

1. 雇主和雇员的基本信息：包括双方的名称和联系信息。

2. 职位描述：明确雇员的职责和工作范围。

3. 薪资和福利：详细说明薪资结构、奖金、福利及任何其他补偿。

4. 工作时间和假期安排：包括工作日的开始时间和结束时间，以及年假和公众假期的规定。

5. 保密协议：规定雇员对公司的商业机密和其他敏感信息的保密义务。

6. 终止条款：阐述合同终止的条件和流程。

请遵守《中华人民共和国劳动法》的规定，并包括所有必要的法律声明和标准条款，以确保协议的法律效力和专业性，ChatGPT回复的内容如图3-48所示。

ChatGPT

```plaintext                                                    Copy code

雇用协议

本协议由以下双方于［签署日期］签订，位于［公司地址］的［公司全称］（以下简称为"雇主"），与［雇员全名

1．基本信息
雇主名称：［公司全称］
雇主联系信息：［公司联系电话］，［公司电子邮箱］
雇员名称：［雇员全名］
雇员联系信息：［雇员联系电话］，［雇员电子邮箱］

2．职位描述
职位名称：［职位名称］
主要职责：［详细列出职位的主要职责和工作范畴］
工作地点：［具体工作地点］

3．薪资和福利
基本薪资：［月/年薪资金额］
奖金制度：［绩效奖金/年终奖等详细说明］
福利详情：［医疗保险、公积金、员工股票购买计划、休假政策等］


4．工作时间和假期
正常工作时间：每天［开始时间］至［结束时间］，每周工作［小时数］小时。
年假：根据中国劳动法规定，雇员有权享有年度带薪假期共［天数］天。
公众假期：按照国家规定的公众假期休假。

5．保密协议
雇员必须对所有未公开的商业信息、技术秘密和公司内部资料保持机密，除非事先得到书面同意或依法需要披露。

6．终止条款
本合同可由任何一方在提前［提前通知天数］天书面通知对方的情况下终止。
如雇员违反职责或有严重不当行为，雇主有权立即解除劳动合同。

法律声明：
本协议遵守中华人民共和国现行劳动法律、法规的规定，双方应严格履行。任何由于本协议产生的争议，均应通过协

［公司全称］（盖章）
授权代表（签字）：［签字人姓名］

［雇员全名］（签字）：

日期：［签署日期］
```

图 3-48　ChatGPT 生成诉讼请求书

　　ChatGPT撰写的材料并不完全符合法律材料的相关规范，依旧需要专业法律

行业从业者对其进行修改和确认。尽管ChatGPT能提供强大的信息处理能力，但仍可能出现人工智能无法判断的错误。因此，在使用ChatGPT的过程中，使用者仍需要对生成内容进行深度分析和判断，以避免被误导，如表3-10所示为一些提示词模板。

表 3-10　法律行业应用模板

场　　景	提示词内容
法律文件起草	在起草法律文件时，如何确保清晰、准确地表达法律条款？请分享几个提高起草效率和质量的技巧
案件分析与研究	在处理法律案件时，如何进行有效的案件分析和研究？请分享一些提高案件分析能力的方法
法律风险管理	法律风险管理对企业至关重要。请介绍一种有效的法律风险评估方法，并提供几个降低法律风险的建议
法律专业知识学习	作为法律从业者，如何不断提升专业知识水平？请分享一些高效学习法律知识的方法和资源
法律合规检查	企业如何进行法律合规检查？请分享一些有效的法律合规检查方法，并提供实际操作建议
法律咨询与解决方案	客户常常需要法律咨询和解决方案。作为律师，如何提供高质量的法律咨询服务？请分享一些提升咨询效果的技巧
诉讼策略制定	在诉讼案件中，如何制定有效的诉讼策略？请分享一些诉讼策略制定的关键要点和实用建议
法律职业发展	法律行业竞争激烈，如何在职业发展中脱颖而出？请分享一些提升职业发展的方法和经验

3.11　ChatGPT 在医疗行业中的应用

随着我国传统医疗模式进入数字化转型的关键期，以算法、数据和云端算力为基础的人工智能应用创新正在逐渐成为医疗行业新的增长动力。ChatGPT能够通过交互式对话，收集病人的详细病史，包括过敏反应、既往病史、家族病史等，从而为医生提供全面的病人信息，帮助医生做出更准确的诊断。ChatGPT还可以解释医疗术语和治疗程序，增强病人对治疗方案的理解和信任，促进医患之间的沟通。

输入提示词：我最近感觉胸口疼，而且偶尔会有呼吸困难，症状出现大约一个星期了。

ChatGPT回复的内容如图3-49所示。

⊚ **ChatGPT**

根据您描述的症状，感觉胸口疼和偶尔呼吸困难已经持续了一个星期，这可能是由多种原因引起的，包括但不限于肌肉紧张、心脏问题、呼吸道感染或者是焦虑状况。重要的是，这样的症状不应该被忽视。

建议您尽快联系医疗专业人员进行面对面的诊断，以排除任何严重的健康问题。在您看医生之前，可以注意以下几点：

1. **避免体力劳动和压力**：减少可能加剧症状的活动。
2. **记录症状**：注意症状何时出现，其强度，以及任何可能的触发因素。
3. **保持适当休息**：确保充足的休息，避免过度疲劳。
4. **注意呼吸**：进行深呼吸练习，尝试放松技巧缓解可能的焦虑。

图 3-49　ChatGPT 回复治疗方案

此外，ChatGPT在医疗行业还可用于以下方面。

·模拟医生的临床决策过程：它的逻辑推理方式类似于医生分析患者症状和病史的思维方式，可以从庞大的数据信息库中提取有用的信息，为医生提供有价值的证据和治疗方案。

·满足全天候的医疗保健需求：随着慢性病患者和需要日常医疗监护的人群不断增加，传统的医疗保健模式已无法满足所有患者的需求。ChatGPT可以全天候提供医疗信息，包括疾病解释、诊断和治疗方案说明，实现实时的疾病管理和健康指导。

·减少医疗差错：通过实时监控医护人员的操作，并与诊疗指南进行比对，ChatGPT能够及时提醒或警示，从而降低医疗错误的发生率，提高患者的安全。

·辅助医生达到最佳表现：通过连接居家监护设备和访问临床数据，ChatGPT能够预测并指导医生进行最佳的医疗步骤，特别是在偏远地区，它的应用可以极大地帮助医生提升专业技能和知识水平。

ChatGPT将在医疗行业中引发深刻的变革，从提高诊断准确性到优化患者护理，其潜力巨大，影响深远，如表3-11所示为一些提示词模板。

表 3-11　医疗行业应用模板

场　　景	提示词内容
临床记录与报告	在撰写临床记录和报告时，如何确保准确、清晰地记录医疗信息？请分享几个提高撰写效率和质量的技巧
医疗研究与论文撰写	医疗研究和论文撰写是医学从业者的重要任务，如何进行有效的研究和撰写？请分享一些提高研究和论文写作水平的方法
患者诊断与治疗方案制订	医疗从业者在制订诊断和治疗方案时面临哪些挑战？请分享一些提高诊断能力和制订治疗方案的技巧和经验
医疗技术应用与创新	医疗技术的应用和创新对提高医疗服务质量至关重要，请介绍一种前沿的医疗技术，并讨论其在临床实践中的应用
医疗数据管理与隐私保护	医疗数据管理和隐私保护是医疗从业者面临的重要问题，请分享一些有效的医疗数据管理和隐私保护措施
医疗院所管理与运营优化	医疗院所管理和运营优化对提供高质量医疗服务至关重要，请分享一些提升医疗院所管理效率和服务质量的建议
职业发展与继续教育	医疗行业竞争激烈，医疗从业者如何在职业发展中保持竞争力？请分享一些提升职业发展和继续教育的方法和资源
医患沟通与病人关系管理	良好的医患沟通和病人关系管理对医务工作者至关重要。请分享一些提升医患沟通和建立良好病人关系的技巧和经验

第 4 章
GPTs 使用大全

2023年11月，在OpenAI Devday大会上，OpenAI展示了一系列引人注目的新功能，如图4-1所示，尤其是在ChatGPT领域的更新尤为引人注目。GPTs的推出不仅标志着个性化AI新阶段的开启，还为广大开发者带来了更多的便捷性和可能性。

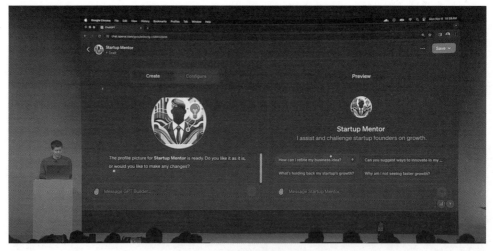

图 4-1　会议截图

4.1　GPTs 是什么

GPTs让人们能够根据自己的需求和偏好，量身打造AI助手。想象一下，拥有一个完全根据自身的喜好定制的ChatGPT——无论是需要一个整理电子邮件的小助手，还是一个随时带来灵感和创意的伙伴，GPTs都能使其成为现实。

这种定制化AI不仅大幅提升了工作效率，还为人们的日常生活带来了极大的便利。无须具备编程技能或深入的技术知识，仅需通过几个简单的步骤，在ChatGPT的界面上，就能轻松创建出一个完全属于自己的GPTs，并在多种场景下发挥其作用。

GPTs的推出是AI技术发展的一个里程碑，它将AI的应用范围从专业人士扩展到了日常生活中的普通人。OpenAI已经推出了多种现成的GPTs模型供使用，例如"The Negotiator""Game Time"等，它们展示了GPTs丰富的应用潜力和灵活性。

目前，定制GPTs模型的功能仅限于ChatGPT Plus。不论是希望自己创建GPTs模型，还是想利用他人创建的模型，都需要先升级到ChatGPT Plus。

简而言之，可以将GPTs理解为："ChatGPT+提示词+自定义语料库+自定义接口"。

4.2　如何使用 GPTs

现在大家可以通过上传个人资料定制GPTs模型，创建满足个人或专业需求的AI助手。例如，可以构建一个专注于面试练习的机器人，甚至上传大量相关的面试资料进行专门训练。除了创建和使用自己的GPTs模型，大家还可以将其分享给他人，或者尝试使用其他人创建的GPTs模型，具体创建方式详见4.3节。

OpenAI已推出GPTs商店，允许人们分享自己的GPTs模型，甚至引入收益分润制度，为创作者和OpenAI带来新的收入来源。在ChatGPT主页，单击页面左上角的"Explore GPT"按钮，如图4-2所示，即可进入GPTs商店。

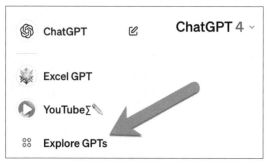

图 4-2　GPTs 入口

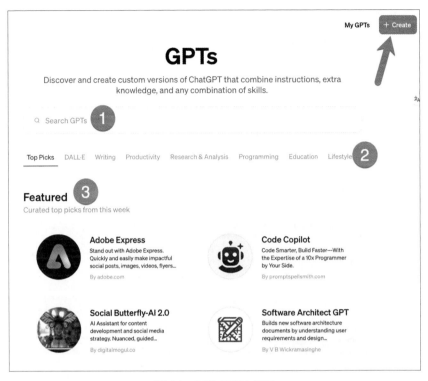

图 4-3　GPTs 商店主界面

在图4-3中，❶处为搜索框，可以通过输入功能或名称来找到满足自己需求的已上线的GPTs模型。❷处为GPTs模型类型分类，从左至右依次为：Top Picks（热门推荐）、DALL・E（达利）、Writing（写作）、Productivity（生产力）、Research & Analysis（研究与分析）、Programming（编程）、Education（教育）、Lifestyle（生活方式），由于OpenAI会不定时更新分类，因此以打开该页面时的内容为准。❸处内容就是根据❷分类展开的不同的GPTs模型。

4.3　如何创建自己的 GPTs

本节我们从头创建一款专属的GPTs模型。

4.3.1　确定GPTs目标

在正式创建专属GPTs模型之前，首先要明确它的用途和目标。举个例子，假设要制作一个专门的"英文简历辅助机器人"。这个机器人的核心功能将集中在提供专业的简历撰写建议，帮助人们优化和改写他们的简历内容。它不仅可以根据人们的职业背景和求职目标提供个性化建议，还能针对语言表达和格式进行优化，确保简历的专业度和吸引力。

4.3.2　进入GPTs创作页面

确定好GPTs功能后，单击图4-3中的"Create"按钮，进入自定义页面，如图4-4所示。

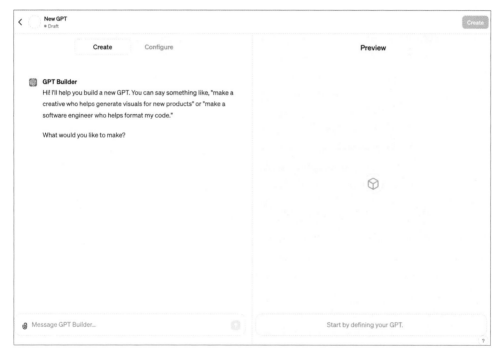

图 4-4　创建 GPTs 界面

图 4-4 所示的界面分为左右两部分。左侧主要用于建立机器人，分为"Create"和"Configure"两个选项卡。

在"Create"选项卡中可以开始与GPT Builder进行对话，这是定义GPTs行为和功能的阶段。这里可以输入"我要创建一个履历机器人"指令，GPT Builder会根据这些资讯进行设定。

切换到"Configure"选项卡后可以进一步精致化GPTs。在这里，可以为GPTs添加描述、设定具体指令和对话开端（Conversation starters），以及上传相关知识文件，这些文件将作为ChatGPT 提供回答的资料来源。另外，还可以设定

GPTs的能力，如是否能浏览网页、使用DALL・E生成图片或解析代码。

在右侧的预览区，可以及时与当下创建的GPTs进行对话。

4.3.3　输入功能需求

创建GPTs的过程类似于与ChatGPT对话。GPT Builder会询问用户希望的GPTs的运作方式。例如，在图4-5下方的输入框中输入"我要创建一个履历机器人"指令，GPT Builder接着会根据输入的指令进行反馈。

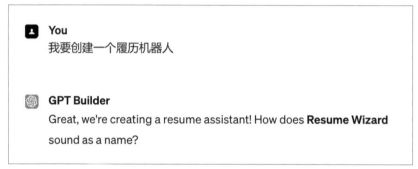

图4-5　反馈内容

默认情况下，GPT Builder用英文回复，让用户确认名字为"履历向导"，可以通过输入提示词"后续请使用中文"，让GPT Builder使用中文进行回复，如图4-6所示。

图4-6　GPT Builder 使用中文进行回复

如果对头像不满意，可以将需求写到提示词中，例如"要更生动一些"，GPT Builder会生成新头像并回复，如图4-7所示。

图 4-7　修改 GPT Builder 头像

如果头像确认无误，接下来GPT Builder会提出一系列问题，帮助用户进一步完善机器人。以图4-8为例，询问笔者想要"履历向导"应该专注在哪些方面。通过这样的互动，用户可以不断地调整和改进聊天机器人的设计。

图 4-8　调整和改进聊天机器人的设计

在建立GPTs的过程中，随时可以利用右侧的对话界面来即时测试和查看结果。比如在左侧建立机器人，而在右侧界面输入履历资料，"履历向导"便能立即给出回应，这跟原始的ChatGPT互动无异，如图4-9所示。

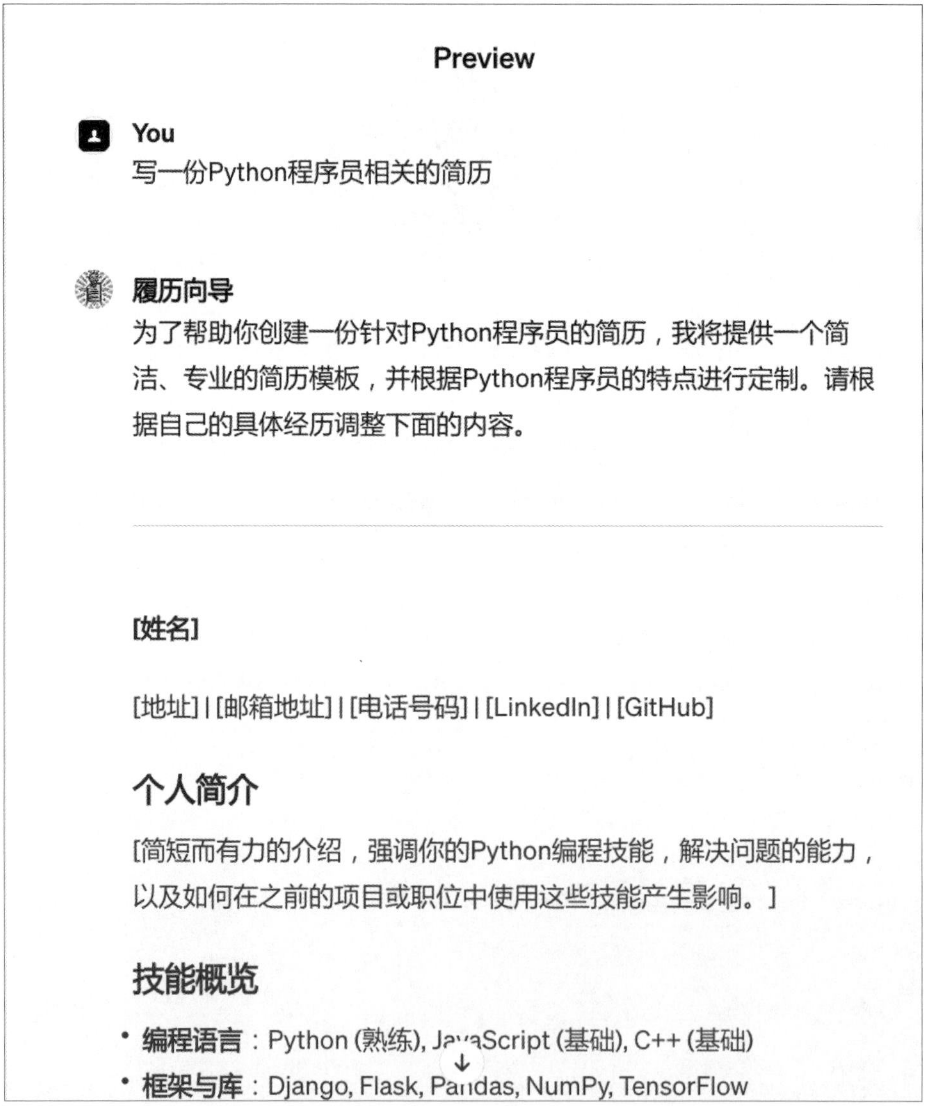

Preview

👤 **You**
写一份Python程序员相关的简历

🏛 **履历向导**
为了帮助你创建一份针对Python程序员的简历，我将提供一个简洁、专业的简历模板，并根据Python程序员的特点进行定制。请根据自己的具体经历调整下面的内容。

[姓名]

[地址] | [邮箱地址] | [电话号码] | [LinkedIn] | [GitHub]

个人简介
[简短而有力的介绍，强调你的Python编程技能，解决问题的能力，以及如何在之前的项目或职位中使用这些技能产生影响。]

技能概览

• **编程语言**：Python (熟练), JavaScript (基础), C++ (基础)
• **框架与库**：Django, Flask, Pandas, NumPy, TensorFlow

图 4-9　Preview 页面

如果在创建GPTs过程中对GPT Builder的成品感到不满意，可以随时做出调整，只需在左侧的页面中输入提示词让GPT Builder优化即可。经过一番输入与调整后，GPT Builder会使成果更加满足用户的需求。

4.3.4　自定义设定

在制作个性化GPTs的过程中，上一节介绍的GPT Builder构建方式属于基础操作。除此之外，还可以在Configure中进行更加细致的定制操作，如图4-10所示。

图 4-10　Configure 页面

在图4-10所示的"Configure"选项卡中有多项内容可修改，含义分别如下所示。

·Name：GPTs机器人的名字。

·Description：在这里可以详细说明聊天机器人的用途和特点。

·Instructions：类似于在ChatGPT中输入的指令。其实在与GPT Builder互动时，GPT Builder也是根据用户提出的需求来调整这里的指令。

·Conversation starters：设定聊天机器人开始对话时的预设文字。

·Knowledge：上传本地文件，成为GPTs参考的知识库，而且这些内容可能会被包含在对话中。

·Capabilities：可以选择是否开放Web Browsing（网络搜索）、DALL・E Image Generation（图像绘制）和Code Interpreter（生成并解析代码）这3种功能。

·Actions：属于进阶功能，可以扩展GPTs的功能，使其能够与外部服务或应用程序互动。通过详细设定API端点、参数以及模型应如何使用这些信息，来与外部的服务或应用程序互动。

4.3.5　储存和分享

当完成GPTs的设置后，就可以将该GPTs储存起来。单击图4-11中右上角的"Create"按钮，会弹出提示对话框。

图 4-11　弹出提示对话框

各选项（只可选一种）含义分别如下。

· Only me：代表这个机器人只有用户自己可以用。

· Anyone with a link：单击该GPTs链接的ChatGPT Plus用户都能使用这个聊天机器人选项。

· Publish to GPT Stroe：上传到GPTs商店，可被公开使用。

如果选择"Publish to GPT Store"单选按钮，还会弹出分类选项，如图4-12所示。

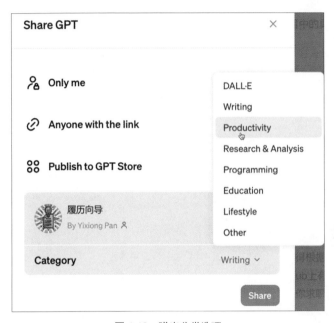

图 4-12　弹出分类选项

确认无误后，单击图4-12中右下角的"Share"按钮即可完成GPTs的创建，弹出链接生成页面，如图4-13所示。

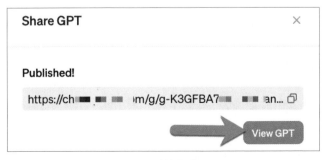

图 4-13　链接生成页面

通过图4-13中提供的链接用户可以将自己创建的GPTs分享给其他人。单击"View GPT"按钮后，进入GPTs应用界面，如图4-14所示。

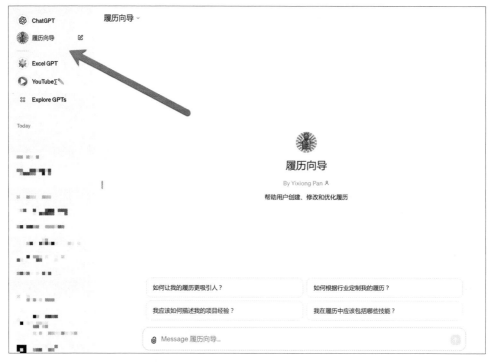

图 4-14　GPTs 应用界面

从图4-14中可见，回到ChatGPT界面后，所创建的"履历向导"已经准备就绪。只需在聊天框中输入履历，机器人将按照设定的回复方式进行反馈。

一旦开始对话，对话记录便会被储存。若要开启新的对话，只需单击想要聊天的机器人即可开始新对话，这与使用原始的ChatGPT进行对话的方式相同。这个过程展示了创建GPTs的便捷性，每个人都能够创建专属的GPTs并可以与他人分享。

4.4　好用的 GPTs 推荐

上一节介绍了如何创建自己的GPTs，本节推荐GPTs商店中的一些好用的GPTs。此外，OpenAI官方也会推出每周具有特色的GPTs，如图4-15所示。

特色GPT
本周精选顶级推荐

Adobe Express
Stand out with Adobe Express.
Quickly and easily make impactful
social posts, images, videos, flyers...
By adobe.com

Code Copilot
Code Smarter, Build Faster—With
the Expertise of a 10x Programmer
by Your Side.
By promptspellsmith.com

Social Butterfly-AI 2.0
AI Assistant for content
development and social media
strategy. Nuanced, guided...
By digitalmogul.co

Software Architect GPT
Builds new software architecture
documents by understanding user
requirements and design...
By V B Wickramasinghe

图 4-15　官方推荐的特色 GPTs

　　接下来一小节中提到的GPTs名称，可以直接在GPTs商店中进行搜索，具体使用功能和效果以应用时为准。

4.4.1　DALL·E

　　DALL·E是一个由OpenAI开发的先进的AI图像生成模型，能够根据文字描述生成详细、创新的图片。这个模型以艺术家萨尔瓦多·达利（Salvador Dalí）和著名动画角色沃利（WALL-E）的名字命名，旨在体现其在创造力和图像生成能力方面的突破性进展。DALL·E能够理解复杂的文本提示，将它们转化为独特的视觉作品，包括现实生活中不存在的概念性图像。无论是重新想象已知物品的样式，还是创造完全新颖的视觉内容，DALL·E都能够颠覆人们的想象，开辟艺术创作的新领域。

　　DALL·E 3是OpenAI在2023年9月21日最新推出的文生图模型，在语义理解、颗粒处理、图像质量等方面，与2022年3月25日发布的DALL·E 2相比有了巨大提升。DALL·E 3可生成写实、二次元、平面、创意、朋克、3D等多种类型，图片质量可媲美Midjourney生成的图片，文本提示理解甚至超过了Midjourney。使用DALL·E的过程相当直接，主要分为以下几个步骤：

　　·准备文本提示：首先，需要准备一个详细的文本描述，准确地表达我们想要生成图像的内容、风格、颜色等方面的要求。描述越具体，生成的图像越有可能符合预期，建议使用英文，但也支持使用中文进行描述。

　　·选择图像参数：选择图像的尺寸和生成图像的数量。尺寸通常有几个标准选项，例如1024×1024像素、1792×1024像素或1024×1792像素。在数量方面，可以指定想要生成几张图像。

·提交给DALL・E：将文本描述和图像参数提交给DALL・E。系统会根据描述，利用其深度学习模型生成图像。

·查看和选择图像：生成过程完成后，可以查看DALL・E生成的图像。在生成的多个选项中，可以选择最符合我们要求的那个。

·调整和重试：如果生成的图像不完全符合预期，可以调整文本描述或图像参数，并重新提交。

直接在DALL・E输入框中输入文本提示，例如："Generate detailed 3D models of a medieval knight with shiny armor and a massive sword"，如图4-16所示。

图4-16　输入提示词

在图4-16中，左边矩形框中的是官方提供的各种风格，右边矩形框中的是生成图像的尺寸，根据需要选择后，即可自动添加到输入框末尾，生成内容如图4-17所示。

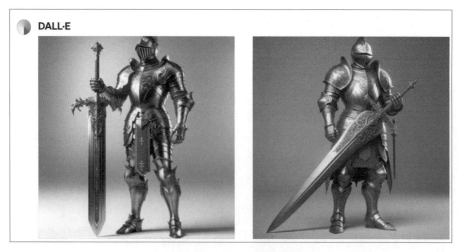

图4-17　DALL・E生成的图像效果

2024年04月，DALL・E还新增了"图像编辑"功能，类似于局部重绘。这意味着人们可以通过画笔涂抹指定区域，然后对该区域进行重绘。这一功能的推出将为人们提供更多的创作可能性，从而更加灵活地编辑和调整图像。只需单击生成的图像，就会进入编辑页面，单击✎按钮，通过拖动鼠标画出要修改的区域，然后输入提示词，即可完成重绘。

4.4.2　Data Analyst

Data Analyst是专门为数据分析任务定制的GPTs。其功能包括但不限于处理和分析数据、执行统计分析、创建和解释图表，以及提供数据驱动的见解和建议。无论是需要分析一组复杂的数据集，还是仅仅想要了解数据分析的某个方面，都可以使用Data Analyst。

使用Data Analyst的过程相当直接，主要分为以下几个步骤。

·明确分析目标：在提问前，用户需要清楚地定义自己想要达成的分析目标或希望解决的问题，可以了解某个数据集的趋势、预测未来的数据点、比较不同数据组之间的差异等。

·提供数据：可以直接以文本的形式提供数据，或者上传文件（如CSV或Excel文件），确保在上传数据或分享数据细节时，不包含任何敏感信息或个人信息。

·描述分析要求：用户需要详细描述自己希望进行的分析类型，比如数据清洗、描述性统计分析、相关性分析、回归分析和图表绘制等，描述越具体，Data Analyst提供的帮助就越精准。

·提问或请求：基于自己的分析需求，直接向Data Analyst提问或提出请求。例如，可以要求其计算某个统计量、预测趋势或者绘制特定的图表。

·迭代和优化：数据分析往往是一个迭代的过程。根据提供的分析结果，用户可能需要进一步地细化问题、调整分析方法或探索其他数据维度。

例如，如果有一个销售数据集，用户想了解不同产品类别的销售趋势，那么用户可以上传数据文件，并指定自己感兴趣的分析类型（如时间序列分析），然后Data Analyst可以帮助用户生成相应的趋势图和洞察。以"总人口及分布"数据为例，上传并添加相应的提示词，如图4-18所示。

图 4-18　上传数据和添加提示词

Data Analyst生成的内容如图4-19所示。

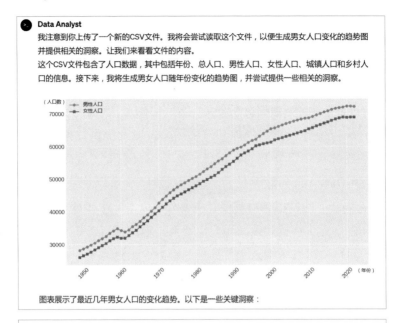

图 4-19　Data Analyst 生成的内容

4.4.3　Hot Mods

Hot Mods是专门提供图像修改或装饰的视觉化服务工具。在保持图像基本完整性和颜色的同时，提供创造性的视觉增强。不管是对图片进行微妙的调整还是加入独特的装饰元素，都能够用Hot Mods实现。

使用Hot Mods的过程相当直接，主要分为以下几个步骤。

·描述想要的修改或装饰：用户需要详细说明自己希望对图像进行何种修改或添加什么样的装饰元素。比如，可能想要改变图片的颜色风格、添加特定的图案或者是加入一些创意元素。

·提供图像基本信息：如果有特定的图像想要修改，请描述图像的基本内容，如主题、颜色及任何特定的细节，这有助于Hot Mods更准确地理解用户的需求。

·特殊要求：如果有任何特殊要求，比如希望图像保持一定的风格（如复古、未来主义等），或者有具体的元素想要包括（如特定的动物、植物、地标等），请一并说明。上传样图并输入提示词"室内装修地中海风格"，如果有特殊要求，再添加到提示内容，如"将该地中海风格装修改得更中式一些"，如图4-20所示。

图4-20　提示内容

Hot Mods生成的内容如图4-21所示。

图4-21　Hot Mods 生成的内容

图4-21展示了一个将地中海和传统中式风格融合的室内效果图，这个空间设计巧妙地融合了两种风格的元素，创造出一种兼容并包的设计效果。

4.4.4　Creative Writing Coach

Creative Writing Coach相当于创意写作教练，专注于通过个性化建议，帮助人们提升创意写作能力。结合丰富的文学知识和创作经验数据，提供针对散文、诗歌及其他文学形式的专业指导，旨在激发人们的创造力，从而在创意写作方面取得进步。

使用Creative Writing Coach的过程很直接，主要分为以下几个步骤。

· 提交作品：用户可以通过简单的文本输入，提交自己希望得到反馈的创意作品，无论是散文、诗歌、小说片段，或者其他任何体裁的作品。

· 明确需求：在提交作品时，如果有特定的关注点或希望得到改进建议的方向，可以明确指出，这可以帮助Creative Writing Coach更加有针对性地进行反馈。

· 接收评价与建议：Creative Writing Coach一般将首先识别并肯定作品的亮点，然后基于写作目标和提交的文本，提出具体的建议及优化方向。

· 互动交流：如果对Creative Writing Coach的反馈有疑问，或者需要更深入的指导，可以进一步交流。Creative Writing Coach会根据用户再次提出的疑问，提供更有针对性的写作技巧，或者给出更详细的指导。

· 练习与应用：根据Creative Writing Coach的建议，尝试对作品进行修改或从头开始创作新的文本。

· 重复反馈循环：可以将修改后的作品或新的创作再次提交给Creative Writing Coach，获取更多的反馈。通过这种持续的互动和改进，使写作技能得到显著提升。

例如，输入提示词：我正在尝试写一首描写孤独与希望的诗歌，但我发现自己难以平衡直白的情感表达和诗意的象征性语言，请问有没有建议可以帮助我改善这首诗的结构和语言表达？

Creative Writing Coach生成的内容如图4-22所示。

Creative Writing Coach
写作描绘孤独与希望的诗歌时，平衡直白情感和诗意象征的挑战确实是许多诗人面临的一大难题。以下是一些建议，旨在帮助您改善诗歌的结构和语言表达：

1. **使用强烈的视觉象征**：选择一些强烈的自然象征来代表孤独与希望，比如荒漠中的绿洲、暴风雨后的彩虹。这些象征能够帮助读者在视觉上捕捉到情感的转变，从而深化诗歌的层次。
2. **探索对比与并置**：通过将孤独和希望的元素并置来加强对比效果。例如，在描述一个孤独的场景之后，紧接着描绘一线希望的出现，这种对比可以加强情感的冲击力。
3. **利用象征性语言的力量**：在保持语言诗意的同时，也可以适当使用一些直接的情感表达。试着让一些直接的叙述与象征性的语言交织在一起，创造出既真实又富有想象力的情感表达。
4. **节奏与韵律的变化**：通过改变诗歌的节奏和韵律来反映孤独与希望的情感波动。孤独部分可以使用更缓慢、沉重的节奏，而希望部分则可以转为更轻快、上扬的节奏。

图 4-22　Creative Writing Coach 生成的内容

通过这些建议，用户可以逐步找到既能直接触及心灵又富有诗意的表达方式，从而使自己的诗歌作品在描绘孤独与希望时更能引起读者的情感共鸣，达到更好的艺术效果。

4.4.5 Coloring Book Hero

Coloring Book Hero是专门生成儿童涂色画面的工具。输入一个主题或一段描述，Coloring Book Hero就能制作一张黑白轮廓的图像。无论是可爱的动物、梦幻的场景，还是日常物品，Coloring Book Hero都能根据要求进行设计。图画结构简洁明了，非常适合小朋友们涂色。

使用Coloring Book Hero主要分为以下几个步骤。

·选择主题：选择想要生成的着色画面主题，可以是动物、植物、童话场景、节日庆祝活动或任何适合孩子的主题。

·详细描述：尽可能详细地描述，比如一只猫在花园里追蝴蝶。描述得越详细，其创建的图画就越符合预期。

·提交请求：描述好了之后，直接发送即可。

·等待和反馈：Coloring Book Hero会根据用户的描述生成一张黑白轮廓的图像。如果有任何想要调整的地方，可以再次进行描述，Coloring Book Hero会根据描述生成符合需求的图画。

例如，输入提示词：请创建一张着色页，主题是一只小狗和一只小猫在花园里玩耍。花园里有一棵大树和一些花朵。小狗正在追一只飞舞的蝴蝶，而小猫则在一旁悠闲地看着。请确保图画简单、清晰，适合小朋友涂色。Coloring Book Hero生成的内容如图4-23所示。

图 4-23 Coloring Book Hero 生成的内容

由图4-23可以看出，Coloring Book Hero已成功绘制出一只小狗和一只小猫在花园里玩耍的简笔画图，此时可以将其打印出来供孩子填色。

4.4.6　Logo Creator

Logo Creator是专门用来帮助人们创建标志的工具，它可以根据用户的指示结合自身的设计原则，生成一个简洁、专业的标志。使用Logo Creator主要分为以下几个步骤。

·风格选择：Logo Creator会询问用户希望标志的整体风格是生动的、中性的、严肃的，还是直接采用默认风格。

·简洁与复杂度：Logo Creator会询问用户希望标志的简洁度是倾向于极其简洁，还是极其详细复杂。

·颜色选择：Logo Creator会询问用户偏好的颜色方案。

·设计数量：Logo Creator会询问用户是希望生成一个标志设计，还是想要一次性看到9个不同的设计。

例如，输入提示词：生成一个标志，风格是生动和引人注目的。标志相当简单，使用蓝色和黄色为主色调。背景是单一平面的颜色，以确保设计的专业性和清晰度。请生成一个独特且易于识别的图形符号，适合用于科技或创新领域的公司。Logo Creator生成的内容如图4-24所示。

图 4-24　Logo Creator 生成的内容

通过回答几个简单的问题，就可以快速定制出符合品牌需求和个人偏好的标志。

4.4.7　Planty

Planty可以解答人们关于植物种植、照料、施肥、修剪等方面的问题。还可以帮助人们诊断植物的健康问题，比如，为什么植物叶子会发黄、如何对付害虫。使用Planty主要分为以下几个步骤。

· 基础照料建议：我怎样才能让我的多肉植物更健康？

· 解决特定问题：我的玫瑰叶子上有黑斑，我该怎么办？

· 选择和种植建议：我想种一些容易照顾的室内植物，有什么推荐吗？

· 施肥和浇水：给薄荷浇多少水合适？我应该给我的番茄植物施什么肥？

· 修剪和繁殖：如何修剪紫罗兰让它更茂盛？我怎样才能从我的芦荟植物中分株繁殖新植物？

例如，输入提示词：给文竹浇多少水合适？Planty生成的内容如图4-25所示。

Planty

文竹（又称幸福竹）对水分的需求不是很高，因为它实际上可以在水中生长，也能在土壤中生长。如果你是将文竹放在水中养护，确保水量能覆盖根部，每周更换一次水，保持水质清洁。如果是种植在土壤中，保持土壤微湿就好，不需要过分浇水。

给文竹浇水的小贴士：

· **观察水位**：如果文竹是生长在透明容器里的，要经常检查水位，确保根部始终有足够的水覆盖。

· **避免积水**：如果是在土壤中养护，确保盆栽有良好的排水，避免积水，因为过多的水分会导致根部腐烂。

· **间隔浇水**：等到顶层土壤干燥后再浇水，通常情况下，每周浇水一次足够，但这也取决于你的环境条件，如温度和湿度。

· **使用干净的水**：尽可能使用干净的水，如雨水或者蒸馏水，因为文竹对水中的化学物质（比如氯）比较敏感。

图 4-25　Planty 生成的内容

每种植物的养护方式会随着所处环境和养护方式的变化而有一定的差异，所以大家要根据自己植物的具体情况来灵活调整。

4.4.8　ChatGPT Classic

ChatGPT Classic是一款类似于ChatGPT的文字服务工具，包括回答广泛的问题、生成和编辑文本（如撰写文章、故事创作和邮件草拟等）、提供文本改写与语言润色服务。ChatGPT Classic还能辅助人们学习，解释复杂的概念，提供编程指导和代码示例，激发创意写作，并进行日常对话，如提供生活小贴士和规划建议。

4.4.9　Web Browser

Web Browser通过互联网搜索实时信息，是为人们提供最新资讯和数据分析的工具。Web Browser可以帮助人们快速获取、理解并利用网络上的信息，包括新闻、科研数据，Web Browser都能提供支持。

4.4.10　Game Time

Game Time是一个专注于棋盘游戏和纸牌游戏的智能助手，可以提供清晰易懂的游戏规则解释服务，能够根据人们的年龄和经验水平定制游戏指导。它不仅能帮助人们学习游戏规则，还能提供策略建议，并能通过解读游戏组件的图片提供精确的建议。使用Game Time主要分为以下几个步骤。

·游戏规则解释：想要了解某个棋盘游戏或纸牌游戏的规则，只需告诉Game Time游戏的名称，它就会提供一份清晰、易懂的规则解释。无论是新手还是有经验的玩家，Game Time会根据需求调整解释的深度和细节。

·游戏设置指导：如果不清楚如何进行游戏设置，只需告诉Game Time游戏名称，它可以指导用户完成游戏前的设置，确保一切准备就绪。

·策略建议：辅助用户更好地理解游戏机制并提高获胜概率。

·解读游戏组件图片：如果对游戏中的某些组件有疑问，比如卡牌的功能或棋子的作用，可以上传图片询问，Game Time会根据图片提供具体的解释和建议。

例如，输入提示词：在《三国杀》中，有什么策略是新手玩家应该知道的吗？Game Time生成内容如图4-26所示。

通过清晰、精准的规则解释，Game Time可以帮助人们更快地理解新游戏的玩法，缩短学习时间。

Game Time
《三国杀》是一款集合了策略、心理博弈和角色扮演元素的卡牌游戏，吸引了大量的玩家。对于新手玩家来说，掌握一些基本策略可以在游戏中更好地生存和协作，以下是一些策略建议：

1. **了解所有角色能力**：初学者首先应熟悉各个角色的特殊能力，即使你不用这些角色，了解它们能帮助你预测和应对其他玩家的行动。
2. **保持手牌平衡**：尽量保持手牌中既有杀（攻击卡），也有闪（防御卡），以及桃（恢复生命值的卡）。这样可以确保你在大多数情况下都能有所应对。
3. **合理使用"闪"**：不要轻易使用你的"闪"卡，除非你确信这次攻击对你的生存至关重要。有时候保留手牌，以备不时之需更为重要。
4. **观察并选择目标**：观察哪些玩家可能是你的敌人，特别是那些手牌较多、势力强大的玩家。但同时，避免一开始就树立太多敌人，特别是当你还不能确定每个人的身份时。
5. **与盟友合作**：尽早确定你的盟友，并与他们合作。共享信息、策略和资源可以显著增加你们的生存几率。
6. **合理使用角色技能**：每个角色都有其独特的技能，合理使用这些技能是获胜的关键。了解何时使用技能以及如何最大化其效果是提高游戏技巧的重要部分。
7. **心理战和误导**：《三国杀》不仅仅是策略和运气的游戏，还涉及到心理战。学会误导对手，隐藏你的真实意图，以及识别其他玩家的虚张声势，都是获胜的关键因素。
8. **保持警惕并适应游戏**：游戏情况是不断变化的，重要的是要保持灵活性和应变能力。不要拘泥于一开始的计划，根据游戏的进展适时调整你的策略。

图 4-26　Game Time 生成的内容

4.4.11　The Negotiator

The Negotiator的主要功能是帮助人们提高谈判技巧。当人们寻求谈判策略的建议时，The Negotiator会首先询问一些具体细节，如项目名称或目标价值，以提供个性化的指导。The Negotiator能够模拟谈判场景，提供战略性的建议，并给予反馈，帮助人们练习和提高谈判技能。使用The Negotiator主要分为以下几个步骤。

·提供情境：描述想要模拟的谈判情境，包括尽可能多的细节，如谈判的对象（例如薪资谈判、购买商品或服务、业务合作协议等）、谈判的目标、已知的挑战或对方可能的立场。

·明确目标：具体说明想要从这次练习中学到什么，比如想提高谈判能力、学习如何更好地理解对方的需求或者如何提出有说服力的提议。

·参与模拟：根据描述，创建一个模拟的谈判场景。用户可以进行角色扮演，The Negotiator扮演谈判对手，尝试不同的策略来看哪种谈判方式最有效。

·接收反馈和建议：在模拟过程中及模拟结束后，The Negotiator会提供反馈和建议，帮助用户识别需要改进的部分，以及如何在未来的谈判中应用所学的技巧。

·重复练习：谈判技巧是通过反复实践来提高的，大家可以尝试不同的情境，重复练习，每次都根据反馈进行策略调整。

例如，输入提示词：我是一名自由职业者，即将和一个新客户讨论一个长期项目的合作协议。我想确保条款对我有利，特别是关于支付条款和项目范围的部分。你能帮我准备谈判的策略吗？特别是如何提出我的要求，并且在讨论中保持灵活性。The Negotiator生成的内容如图4-27所示。

The Negotiator

在准备与新客户讨论长期项目合作协议时，确保条款对您有利是非常重要的。这不仅关乎到您的收入，也关乎到工作范围和职业满意度。以下是一些策略，可以帮助您在谈判中提出要求并保持灵活性：

1. 充分准备：

· **详细了解项目**：确保您了解项目的全部细节，包括预期的时间线、成果、任何潜在的障碍和特殊要求。
· **定义您的非谈判点和灵活点**：明确知道在哪些方面您不能妥协（如最低支付标准、关键截止日期等），以及哪些方面您可以提供灵活性（如项目交付的方式或时间安排）。

2. 明确您的价值：

· **展示您的专长和经验**：客户选择您而非他人的原因在于您独特的价值和能力。准备一些关于您如何为类似项目带来成功的案例研究或例子，突出您的专业性。
· **确定和强调双赢的成果**：让客户明白，支付您所要求的报酬、同意您的工作条款将为他们带来预期或更好的结果。

3. 谈判支付条款：

· **提前设定期望**：在谈判开始前，就明确您的支付期望和条款。这包括支付周期、发票处理时间以及任何预付款的要求。
· **提出合理范围**：给出一个薪酬范围而不是固定数字，可以为谈判提供灵活空间。确保您的范围底线高于您的最低接受价位。

4. 确定项目范围：

· **防范围蔓延**：清晰地定义项目范围，包括您将提供的服务、预期的成果以及不包括哪些服务。这有助于避免未来的误解和额外工作。
· **设定修改和迭代的限制**：明确在项目报价中包含多少次修改或迭代，超出部分将如何计费。

5. 维护灵活性：

· **展示开放性**：在您坚持重点的同时，也展现出在其他方面的灵活性，比如工作的具体安排或交付方式等。
· **备选方案**：准备一些备选方案，如果谈判在某些关键点上达不到共识，您可以提供其他选项，既满足客户的需求，又不牺牲您的核心利益。

图 4-27　The Negotiator 生成的内容

通过The Negotiator模拟不同的谈判场景，我们可以在安全的环境下练习谈判技巧，通过练习和获得反馈，我们将更加自信地进入实际谈判中，知道如何有效地表达自己的观点，以及如何应对谈判中的压力和挑战。

4.4.12　Tech Support Advisor

Tech Support Advisor是能够为用户解答技术问题、提供专业建议，并帮助用户解决各类技术难题的小工具。无论用户面临的是计算机软硬件问题，还是寻找特定的技术解决方案，它都会以友好、专业的态度提供支持。使用Tech Support Advisor主要分为以下几个步骤。

· 提问：直接向Tech Support Advisor提出技术问题。不管是具体的技术难题，还是寻求建议，抑或是想要了解某个技术概念，都可以直接告诉Tech Support Advisor。

· 描述问题：尽可能详细地描述遇到的问题或需求。如果是技术问题，可以描述出现问题时的具体情况、已经尝试过的解决方法等，这有助于Tech Support Advisor更准确地理解需求并提供帮助。

· 反馈：如果Tech Support Advisor的回答如果能够解决问题，或者觉得满意，就可以停止提问。如果还有疑问或需要进一步的帮助，可以再次向Tech Support Advisor提问，获得进一步的技术服务。

例如，输入提示词：我家里的WiFi信号不稳定，经常断线，有什么办法可以提高信号强度吗？

Tech Support Advisor生成的内容如图4-28所示。

Tech Support Advisor

WiFi信号不稳定或经常断线的问题确实会影响日常使用体验。以下是一些提高WiFi信号强度和稳定性的方法：

1. **重新放置路由器**：将路由器放在家中中央位置，避免放置在角落或靠近地面的地方。确保路由器远离电器和金属物体，因为这些物体可能会干扰信号。
2. **更新路由器固件**：检查并更新路由器的固件到最新版本。过时的固件可能会导致连接问题。
3. **使用WiFi增强器或扩展器**：如果你的家很大或多层，一个路由器可能不足以覆盖整个家。在这种情况下，使用WiFi增强器、扩展器或网状WiFi系统可以帮助扩大覆盖范围。
4. **更换WiFi信道**：邻近的WiFi网络可能会使用相同的信道，导致拥挤和干扰。尝试更换到较少使用的信道，许多路由器提供自动选择最佳信道的选项。
5. **限制带宽占用较大的应用**：某些应用（如视频流媒体、大型文件下载）可能会占用大量带宽，导致其他设备连接不稳定。考虑在路由器设置中启用带宽控制功能。
6. **升级设备**：如果你的路由器已经使用多年，可能无法支持新的技术标准（如WiFi 6）。考虑升级到新的路由器以获得更好的性能和覆盖范围。
7. **使用有线连接**：对于需要稳定连接的设备（如游戏主机、桌面电脑），考虑使用以太网线直接连接到路由器，以确保更稳定的连接。

图 4-28　Tech Support Advisor 生成的内容

在遇到技术问题时，如果搜索解决方案可能需要花费大量时间，而Tech Support Advisor可以快速提供专业的解决方案，节省宝贵的时间。

4.4.13 Laundry Buddy

Laundry Buddy可以为用户提供专业的洗衣护理建议，包括去渍技巧、洗衣机设置，以及正确分类洗衣以确保洗净效果最优。不论大家面对的是棘手的污渍问题还是寻求日常洗衣的建议，Laundry Buddy都可以提供帮助。通过清晰的“该做”与“不该做”列表，为用户提供量身定制的洗衣护理解决方案，让洗衣过程变得既简单又高效。使用Laundry Buddy主要分为以下几个步骤。

· 提问：直接提出问题或描述遇到的洗衣难题。

· 接收建议：基于用户提出的问题，Laundry Buddy会提供一系列专业的建议和解决方案。Laundry Buddy的回答将包括“该做”和“不该做”的列表。

· 执行建议：按照Laundry Buddy提供的建议执行。

· 反馈：如果在执行过程中遇到任何问题，或者有进一步的疑问，可以继续提问。

例如，输入提示词：如何正确地分离浅色和深色衣物？我不想让颜色互相染色。Laundry Buddy生成的内容如图4-29所示。

Laundry Buddy

正确分离浅色和深色衣物以进行洗涤是保护衣物颜色、延长衣物使用寿命的关键步骤。下面是一些“该做”和“不该做”的建议，帮助您避免衣物间的颜色互相染色：

该做：

- **预先分类**：在洗衣前，将衣物按颜色深浅分成几堆。通常，可以分为白色、浅色（浅蓝、浅绿、粉色等）和深色（黑色、深蓝、红色等）三类。
- **检查衣物标签**：有些衣物在第一次洗涤时颜色会有所褪色，特别是深色衣物。检查衣物的洗涤标签，看是否有特别的洗涤要求。
- **使用冷水**：冷水洗涤有助于防止衣物褪色，特别是对于深色衣物来说尤其重要。
- **考虑使用色捕捉布**：在洗衣时加入色捕捉布，可以帮助捕捉脱色的染料，防止颜色互相染上。

不该做：

- **混合不同颜色衣物洗涤**：避免将深色和浅色衣物混在一起洗涤，尤其是新衣物或者是容易褪色的衣物。
- **过度装载洗衣机**：确保洗衣机内有足够的空间让衣物自由移动，这样可以减少摩擦，降低褪色和染色的风险。
- **使用过多洗衣剂**：过多的洗衣剂不仅对环境不友好，还可能导致衣物上残留过多的洗涤剂，增加褪色和染色的风险。

图 4-29　Laundry Buddy 生成的内容

通过使用Laundry Buddy，大家可以获得一系列洗衣护理的专业建议和解决方案，从而提高洗衣效率，延长衣物寿命，并确保衣物保持最佳状态。

4.4.14　Sous Chef

Sous Chef为用户提供了一种独特的烹饪指导体验，通过专业知识与创意思维的融合，提升用户的美食制作水平。从细致入微地了解用户的饮食偏好、过敏信息及口味喜好开始，Sous Chef通过提出3个关键问题，精确捕捉用户的独特需求。此外，为了进一步优化用户的烹饪体验，Sous Chef提供了菜谱相关的视觉展示，以及针对每道菜的详细购物清单，方便用户在线下或者线上平台采购。使用Sous Chef主要分为以下几个步骤。

·提供饮食偏好：开始对话时，Sous Chef会询问用户一些问题，比如是否有食物过敏、有没有不喜欢的食材、喜爱的菜系是什么，以及期望的菜肴复杂度。

·接收菜谱建议：根据用户提供的信息，Sous Chef将提供一系列菜谱建议，这些建议可以满足用户的饮食偏好。

·查看菜肴图片：如果用户对某个建议的菜肴感兴趣，Sous Chef可以生成该菜肴的图片，让用户对最终成品有一个直观的认识。

·获得详细菜谱与购物清单：选择想尝试的菜谱后，Sous Chef将提供详细的烹饪步骤和所需食材的购物清单。

例如，输入提示词：我最近在尝试素食生活，想探索一些新的食材组合。我不吃大蒜和洋葱，但我对其他蔬菜和豆类都很感兴趣。能不能推荐一些既创新又不需要这两种食材的素食菜谱呢？Sous Chef生成的内容如图4-30所示。

> **Sous Chef**
>
> 非常棒的挑战，跳入素食世界总能开启味蕾的新旅程！避开大蒜和洋葱，但探索其他蔬菜和豆类，这让我想到一个既创新又美味的菜谱——**烤甜菜根藜麦沙拉**。这道菜不仅色彩鲜艳，还充满了营养，完全符合你的要求。
>
> **烤甜菜根藜麦沙拉**
>
> **原料：**
>
> · 甜菜根：3个（中等大小），去皮，切成小块
> · 藜麦：1杯，煮熟
> · 罗马豆：1杯，切成小段并蒸熟
> · 鳄梨：1个，去核去皮，切成块
> · 小番茄：半杯，切半
> · 鲜柠檬汁：2汤匙
> · 橄榄油：2汤匙
> · 新鲜香草（比如薄荷或欧芹）：适量，切碎
> · 盐和黑胡椒：适量
>
> **制作步骤：**
>
> 1. **烤甜菜根**：将甜菜根块与1汤匙橄榄油、盐和胡椒拌匀，放在烤盘上，以200°C烤20-25分钟，或直至软熟。
> 2. **准备藜麦**：按包装指示煮熟藜麦，通常是将藜麦和水以1:2的比例煮沸，然后小火煮约15分钟，直至水分被吸收。让它冷却。
> 3. **混合沙拉**：在一个大碗中，将烤好的甜菜根、煮熟的藜麦、蒸熟的罗马豆、切好的鳄梨和小番茄混合。
> 4. **调味**：加入剩余的橄榄油、新鲜柠檬汁、盐和黑胡椒调味。最后撒上新鲜香草增香。
>
> 这道沙拉既可以作为主菜享用，也可以作为一道色彩斑斓的配菜。它不仅满足了你对于新食材组合的探索欲，还通过甜菜根和藜麦的使用，带来了营养与味道的双重享受。
>
> 想象一下，甜菜根的甜味与藜麦的坚果味搭配，再加上鳄梨的丝滑和柠檬的酸爽，每一口都是满足。我现在就为你生成这道菜的图像，让你可以先从视觉上享受一番。
>
> 让我马上操作。
>
>
>
> 这就是你的烤甜菜根藜麦沙拉，色彩斑斓，营养丰富，完全符合素食生活的美味探索。希望这道菜能为你的素食旅程带来新的灵感和满足感。如果你需要购物清单来轻松购买这道菜的食材，或者对其他菜谱有兴趣，随时告诉我！

图4-30　Sous Chef 生成的内容

通过使用Sous Chef，用户可以深入探索烹饪的乐趣，无论是寻找新的食材组合、尝试不同的菜系，还是简化日常烹饪流程。

4.4.15 Math Mentor

Math Mentor是一款专门辅助家长解决孩子数学作业难题而设计的数学助手。通过提问和交流，深入了解每位家长面临的具体数学问题，以及孩子在学习过程中遇到的挑战。Math Mentor能够提供明确的数学解析和分步解决方案，帮助家长更好地理解数学概念，并指导他们如何教授自己的孩子。使用Math Mentor主要分为以下几个步骤。

·明确提问：当家长遇到孩子的数学作业难题时，可以直接向Math Mentor提出具体问题，为了获得最准确的答案，建议详细描述问题的背景、相关的数学概念，以及已尝试的解决方法。

·提供课程信息：若问题与特定的数学课程内容相关，如代数、几何或微积分等，家长可以明确指出，从而帮助Math Mentor提供更有针对性的指导。

·分享孩子的学习难点：如果家长了解孩子在学习某个数学概念时遇到的具体困难，输入这些信息，将有助于Math Mentor定制更适合孩子的解题方式和练习建议。

·互动式学习：Math Mentor可以通过提问的方式，引导家长或孩子一步步探索问题的答案，这不仅有助于家长或孩子深入理解，还能激发他们解决问题的兴趣。

·反馈和追问：在接收到Math Mentor的答案和建议后，家长若有不明白的地方，应该进一步提出更多的问题，Math Mentor鼓励开放地沟通，以确保每个数学难题都能得到妥善解决。

·练习和应用：除了解答具体问题，Math Mentor还可以提供相关的练习题和学习资源，帮助孩子巩固理解并提高解题技能。

例如，输入提示词：我们正在尝试解决一个数学应用题：如果一个水池每小时可以填满1/4，那么完全填满这个水池需要多少小时？我们应该怎样一步步来计算这个问题？Math Mentor生成的内容如图4-31所示。

通过利用Math Mentor，家长可以获得直接、个性化的数学辅导服务，不仅能够有效地解决孩子在学习数学的过程中遇到的具体问题，还能够深化对数学概念的理解。

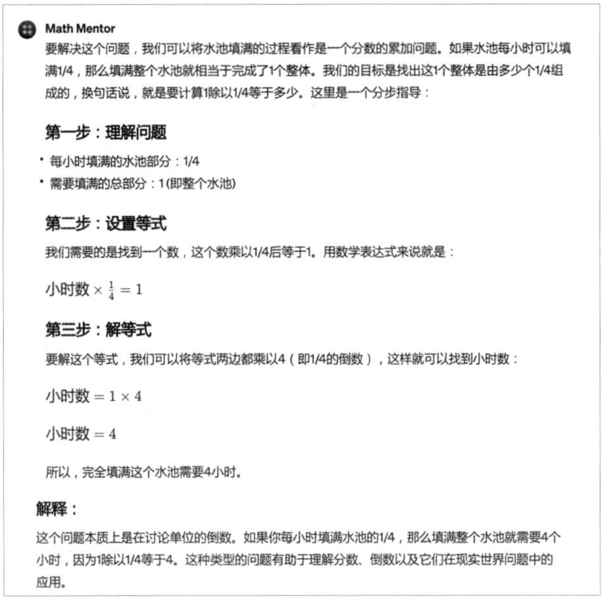

Math Mentor

要解决这个问题，我们可以将水池填满的过程看作是一个分数的累加问题。如果水池每小时可以填满1/4，那么填满整个水池就相当于完成了1个整体。我们的目标是找出这1个整体是由多少个1/4组成的，换句话说，就是要计算1除以1/4等于多少。这里是一个分步指导：

第一步：理解问题

- 每小时填满的水池部分：1/4
- 需要填满的总部分：1（即整个水池）

第二步：设置等式

我们需要的是找到一个数，这个数乘以1/4后等于1。用数学表达式来说就是：

小时数 $\times \frac{1}{4} = 1$

第三步：解等式

要解这个等式，我们可以将等式两边都乘以4（即1/4的倒数），这样就可以找到小时数：

小时数 $= 1 \times 4$

小时数 $= 4$

所以，完全填满这个水池需要4小时。

解释：

这个问题本质上是在讨论单位的倒数。如果你每小时填满水池的1/4，那么填满整个水池就需要4个小时，因为1除以1/4等于4。这种类型的问题有助于理解分数、倒数以及它们在现实世界问题中的应用。

图 4-31　Math Mentor 生成的内容

4.4.16　Mocktail Mixologist

Mocktail Mixologist是专门为调制各式各样的无酒精鸡尾酒而设计的工具，其丰富的知识库和创意思维可以为人们提供一系列精彩的饮品配方，从清新的水果饮料到浓郁的奶昔应有尽有。还可以根据人们手头的材料来量身定制配方，让每一次的调制都充满乐趣并易于实现。使用Mocktail Mixologist主要分为以下几个步骤。

·查看食材：首先看看厨房里有哪些可以用的食材，新鲜水果、果汁、苏打水、草本植物、奶昔或茶，都是很好的选择。

·告知材料：简单描述手头有的材料，比如草莓、香蕉、苏打水和薄荷叶，或者描述想要一种特定风味的饮品，比如想要一杯清爽的水果味无酒精鸡尾酒。

·描述喜好：描述喜欢哪种口味的饮品，是偏甜、酸，还是清新的？是否对食材有过敏反应？或者是否有不喜欢的食材？请务必告诉Mocktail Mixologist。

·制作与享受：Mocktail Mixologist会根据人们提供的信息，推荐一款或几款无酒精鸡尾酒配方，并提供详细的步骤和小贴士，确保能轻松制作出美味的饮品。

例如，输入提示词：我家里有柠檬、蓝莓、薄荷叶和苏打水，我想要一款清新提神的饮品，你能给我推荐一个配方吗？我喜欢酸甜口味，不太喜欢太甜的饮品。Mocktail Mixologist生成的内容如图4-32所示。

Mocktail Mixologist

绝对可以！根据您提供的食材，我为您设计了一款既清新提神又恰到好处的酸甜Mocktail——蓝莓柠檬薄荷苏打！这款饮品不仅色彩诱人，而且口感丰富，能满足您的味蕾。

蓝莓柠檬薄荷苏打

材料：

- 新鲜柠檬 1 个
- 新鲜蓝莓 1/2 杯
- 新鲜薄荷叶 10~12 片
- 冰块
- 冷苏打水 1 杯
- 可选：蜂蜜或枫糖浆 1 茶匙（如果您喜欢稍微甜一点）

制作步骤：

1. **准备蓝莓糊**：在搅拌碗中加入蓝莓和薄荷叶（留几片用于装饰），用勺子轻轻压碎蓝莓和薄荷叶，直到混合物出汁。
2. **调味**：如果您喜欢稍微甜一点的口味，可以加入1茶匙蜂蜜或枫糖浆，然后搅拌均匀。
3. **加入柠檬汁**：将柠檬切半，挤出汁液，加入蓝莓和薄荷混合物中，搅拌均匀。
4. **组装饮品**：取一个高脚杯，底部放入适量的冰块，然后将蓝莓柠檬薄荷混合物倒入杯中。
5. **加入苏打水**：慢慢倒入冷苏打水，直到杯子近满。用勺子轻轻搅拌一下，让风味混合。
6. **装饰**：用剩下的薄荷叶和几颗整蓝莓装饰您的饮品。

图 4-32　Mocktail Mixologist 生成的内容

使用Mocktail Mixologist能帮助人们根据家中现有材料轻松制作出既健康又美味的无酒精鸡尾酒，还能让饮品制作过程变得充满乐趣和创意。

4.4.17　Consensus

Consensus通过访问最新的科学研究论文，为寻求深入了解特定学术问题的人士提供论文写作上的帮助。包括医学、工程学、环境科学还是社会科学等领域的问题，Consensus都能通过搜索相关的研究成果，提供准确、权威的科学信息。使用Consensus主要分为以下几个步骤。

·提出问题或主题：可以通过简单地提出一个问题或选择一个研究主题来开始。这个问题可以是具体的，例如什么是感冒疫苗的有效性？或者是更开放式的探讨，例如有效减少家庭争吵的策略有哪些？

·详细说明需求：为了获得更准确的结果，应尽可能详细地描述自己的需求。如果有特定的研究类型、时间范围或其他任何偏好应明确指出。

·接收回答和摘要：Consensus将处理提出的问题，搜索相关的科学研究论文，然后提供一个简洁明了的回答，包括关键的研究发现和摘要。

·查阅相关论文：对于每个回答，Consensus都会提供相关研究论文的直接链接。这些链接会指向研究论文的详细摘要页面，大家可以单击链接深入了解具体的研究内容和结论。

·进一步探索：如果对某个回答或研究结果感兴趣并希望进一步探索，可以继续提问或者在Consensus提供的链接中深入阅读。

例如，输入提示词：最近的研究有哪些是关于气候变化对农业产量的影响的？Consensus会弹出提示是否允许链接到Consensus，单击"Allow"按钮，生成的内容如图4-33所示。

图 4-33　Consensus 生成的内容

Consensus不仅是科学研究者和学者的有力助手，也为对科学知识有追求的普通人提供了宝贵资源。通过提供基于最新研究的深入见解，Consensus助力人们推动科学知识的普及和应用，为人们解决疑问提供科研支持。

4.4.18　Scholar GPT

Scholar GPT具备多方面的能力，尤其是在数据分析、数据可视化、学术论文信息研究、应用基础机器学习模型、解决复杂数学问题，以及从网络页面抓取和处理数据等方面有着非常强大的功能。Scholar GPT还能提供股市、天气预报等实时信息，执行NLP任务，如文本分析和情感分析。此外，Scholar GPT还能够生成定制报告，这些报告能够结合在线分析数据，并通过整合在线数据，方便人们进行交互式查询。

例如，输入提示词：我想了解如何使用决策树算法来预测未来天气变化情况。请提供一个简单的示例代码和算法的基础解释。Scholar GPT生成的内容如图4-34所示。

Scholar GPT的目标是帮助人们理解复杂的概念，并为相关问题的查询提供全面的答案。Scholar GPT提供的服务学术性强，能够提供精确、条理清晰的回答，语调专业且信息丰富，适合寻求学术或技术帮助的用户。

Scholar GPT

决策树算法是一种流行的机器学习算法，通常用于分类和回归任务。它通过学习输入数据的规则来做出预测，这些规则是从特征数据中自动学习得到的，形成了一个树状结构。每个内部节点代表一个特征上的测试，每个分支代表测试的结果，而每个叶节点代表一个预测结果（或类标签）。

基础解释

在预测未来天气变化的情况中，决策树模型将基于历史天气数据来学习如何根据天气条件（如气温、湿度、风速等）来预测天气状态（如晴天、雨天等）。模型训练过程中，算法将尝试找到最优的分割点和条件，以便尽可能准确地区分不同的天气状态。

示例代码

以下是一个使用Python中的`scikit-learn`库来训练决策树模型的简单示例。假设我们有一组历史天气数据，包括最高气温、最低气温和降水量作为特征，以及第二天的天气状态（0代表晴天，1代表雨天）作为标签。

首先，您需要安装`scikit-learn`库（如果尚未安装）：

```python
!pip install scikit-learn
```

然后，您可以使用以下代码来创建和训练决策树模型：

```python
from sklearn.tree import DecisionTreeClassifier
import numpy as np
from sklearn.model_selection import train_test_split
from sklearn.metrics import accuracy_score

# 示例数据集
# 特征：[最高气温，最低气温，降水量]
X = np.array([
    [25, 15, 0],
    [30, 22, 0],
    [28, 18, 10],
    [21, 12, 2],
    [20, 10, 0],
    [18, 8, 15]
])
# 标签：[0: 晴天，1: 雨天]
y = np.array([0, 0, 1, 0, 0, 1])

# 划分数据集为训练集和测试集
X_train, X_test, y_train, y_test = train_test_split(X, y, test_size=0.3, random_state

# 创建决策树模型
clf = DecisionTreeClassifier()

# 训练模型
clf.fit(X_train, y_train)

# 进行预测
y_pred = clf.predict(X_test)

# 计算准确率
accuracy = accuracy_score(y_test, y_pred)
print(f"模型准确率: {accuracy}")
```

这个示例简单地展示了如何使用决策树进行天气预测。在实际应用中，您可能需要更复杂的数据处理和特征工程步骤，以及更细致的模型参数调整，以达到更好的预测性能。

图 4-34 Scholar GPT 生成的内容

4.4.19　Diagrams: Show Me

Diagrams: Show Me的核心功能是根据人们的需求快速生成图表，包括但不限于序列图、思维导图和时间线等，能够帮助人们更直观地理解复杂的信息和数据。Diagrams: Show Me能够根据简短的描述自动绘制图表，极大地简化了将概念可视化的过程。用户仅需提供想要展示的信息或数据的简要描述，Diagrams: Show Me即可处理并生成相应的图表。使用Diagrams: Show Me主要分为以下几个步骤。

·确定需求：首先，需要确定想要通过图表展示的信息或数据类型。这一步是至关重要的，因为不同的信息或数据类型可能适合不同的图表类型。

·提供描述：需要提供一个简短的描述，明确指出想要通过图表表达的信息。这个描述不需要过于复杂，越清晰具体越好。

·选择图表类型：虽然Diagrams: Show Me可以根据描述自动推荐图表类型，但如果用户已经有了明确的图表类型需求，如序列图、思维导图或时间线，可以直接指定。

·提交请求：将需求和描述提交给Diagrams: Show Me后，系统会自动处理并生成对应的图表。

·查看和使用图表：一旦生成图表，用户就可以直接查看和使用这些图表了。Diagrams: Show Me提供的图表既可以用于个人学习，也可以嵌入到报告、演示文稿或其他文档中，以增强信息传递的效果。

·探索和改进：利用Diagrams: Show Me提供的"探索图表"和"展示想法"功能，还可以了解更多图表类型或获取改进现有图表的建议。

例如，输入提示词：请帮我创建一个时间线，展示20世纪的重大科技发明。Diagrams: Show Me会弹出提示是否允许链接到Diagrams，点击"Allow"按钮，生成的内容如图4-35所示。Diagrams: Show Me可以帮助用户通过图表更好地理解和展示信息。

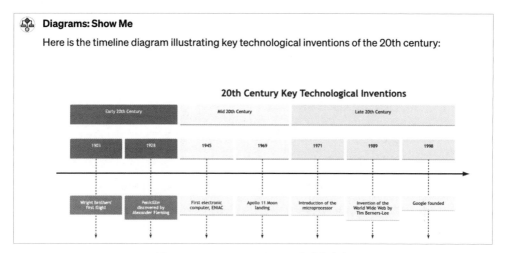

图 4-35　Diagrams: Show Me 生成的内容

4.4.20　AI PDF

AI PDF拥有访问Myaidrive中存储文档的能力，能够提供文档搜索、内容摘要等服务。无论是需要对整个文档进行摘要，还是寻找特定信息，AI PDF都能提供精准的帮助。AI PDF还能够提供针对文件夹的搜索服务。每当AI PDF提供基于文档内容的回答时，都会附上精确的页面引用链接，以便人们进行验证。使用AI PDF主要分为以下几个步骤。

·上传文档至Myaidrive：确保已将PDF文件上传至Myaidrive。如果用户还没有账户，可以免费创建。这一步对确保文件的可靠存储和快速访问至关重要。

·提出请求：可以直接向AI PDF提出请求，包括但不限于文档摘要、搜索文档中的特定信息等。

·获取文档摘要：若需要获取文档的摘要，只需提供文档的链接，并说明希望摘要的范围。如果有特定的页码范围，请提前告知。

·搜索文档：如果需要在文档中查找特定信息，提供文档链接并陈述查询请求。AI PDF将使用先进的语义搜索技术，寻找并提供相关信息。

·引用和验证：AI PDF在回答中提供的每一个引用都会附带指向特定页面的链接，用户可以单击这些链接以验证信息并查看原文。

·利用高级功能：对于需要更多高级处理的文档，AI PDF可以升级到AI Drive Pro。包括自动OCR、快速文档摘要、PDF视觉地图及数据提取等功能，可以提升处理文档的效率。

由于涉及上传PDF文件，大家可以根据实际需求进行上传和输入提示词，注意不要将涉密数据上传。

4.4.21　Adobe Express

Adobe Express是专为那些寻求在社交媒体和营销活动中使用专业设计模板的用户而设计的。比如创建吸引人的社交帖子、视频、轮播、传单、演示文稿等，Adobe Express都能提供数千种模板供选择。利用 Adobe Express，人们可以轻松开始使用专业设计的视频和多页模板。使用 Adobe Express 主要分为以下几个步骤。

·浏览模板：首先，访问Adobe Express。在主页顶部，会看到不同的设计任务选项。将鼠标指针悬停在任何一个任务上，并选择"浏览模板"来打开编辑器并查看所有可用模板。

·选择模板：可以通过滚动鼠标来浏览模板，或者使用筛选选项来缩小搜索结果，比如选择"视频""多页"或"动画模板"。

·添加和编辑文本：在左侧面板中，选择"文本"，然后选择"添加文本"选项来向模板添加新的文本元素。在文本框中输入文本，并使用左侧面板提供的格式化选项来调整文本样式。如果模板中已有文本，也可以直接编辑和调整它们的样式。

·添加媒体：选择"媒体"选项，可以添加照片或视频。可以选择"从设备上传"选项或通过浏览Adobe Express库来添加媒体内容。使用"图层"面板选中想要替换的图像或视频，然后单击"替换"按钮。

·个性化设计：添加动画效果，让文本和图片更加引人注目。通过选择"元素"选项，添加设计资产、背景、形状和图标来进一步个性化模板。通过"主题"选项编辑颜色，并通过"背景色"选项为模板添加背景色。

·完成并分享：完成设计后，可以选择下载到设备上，或者选择"分享"选项将作品分享出去。

例如，输入提示词：我需要一个简洁的商业名片设计模板，用于技术咨询公司，颜色主要是黑色和蓝色。Adobe Express生成的内容如图4-36所示。

图 4-36 Adobe Express 生成的内容

Adobe Express还提供了快速操作工具，包括：移除背景、调整图像大小、裁剪图像、将PNG转换为JPG、将JPG转换为PNG、将JPG转换为SVG等。Adobe Express还提供Chrome浏览器扩展，使用户可以直接在Google Chrome内访问Adobe Express，方便用户在浏览器中搜索任何图像并直接编辑，然后在应用编辑后下载。

4.4.22　Social Butterfly-AI 2.0

Social Butterfly-AI 2.0专门为每个社交平台量身定制内容指导，帮助人们构建人设，分析目标受众，优化内容以提升搜索引擎排名，并使用分析工具来分析推广策略。使用Social Butterfly-AI 2.0主要分为以下几个步骤。

·确定目标：首先，需要明确希望通过社交媒体达成的目标。这些目标可能包括提高品牌知名度、增加粉丝互动、提升网站流量或直接销售产品和服务。

·选择平台：根据目标受众和既定目标，选择合适的社交媒体平台。Social Butterfly-AI 2.0覆盖了LinkedIn、Facebook、Twitter、Instagram、TikTok和Pinterest等主要社交平台，为每个平台提供专门的策略和建议。

·定制内容策略：使用Social Butterfly-AI 2.0可以构建针对特定平台的内容策略，包括制定内容日历、选择适当的内容格式（如视频、图片或文本）、关键词优化以提高可见性，以及定制互动策略以提高用户参与度。

·实施与调整：根据Social Butterfly-AI 2.0的指导开始实施内容策略。同时，利用社交媒体分析工具监控数据表现，根据数据反馈调整策略。Social Butterfly-AI 2.0将帮助用户解读这些数据，提出优化建议。

·持续学习与适应：社交媒体是一个不断变化的领域，因此需要持续学习和适应新趋势。Social Butterfly-AI 2.0提供了最新的行业洞察和趋势分析，帮助用户保持竞争优势。

例如，输入提示词：我有一家小型电子商务企业，销售手工艺品。我在微博上投放了一些广告，但回报率低于预期。有哪些策略可以帮助我提高广告效果和转化率？Social Butterfly-AI 2.0生成的内容如图4-37所示。

Social Butterfly-AI 2.0

针对您在微博上进行的手工艺品广告活动，如果回报率低于预期，可以考虑以下几个策略来提升广告效果和转化率：

1. 优化目标受众定位

· **细分受众**：根据消费者的兴趣、购买行为和互动历史来细分您的目标受众。确保广告内容与他们的偏好和兴趣相匹配。
· **利用Lookalike Audience**：如果您已经有了一定的客户基础，可以通过创建相似受众来扩大潜在客户群，这种受众与您现有的顾客有着相似的特征和行为。

2. 提升广告内容的吸引力

· **强调唯一卖点（USP）**：清楚地突出展示您的手工艺品与众不同的地方，比如使用独特材料、手工制作的工艺、定制服务等。
· **使用高质量的视觉内容**：投资于高质量的图片和视频，展示产品的细节和使用场景。情感化的内容更能吸引用户的注意力和兴趣。
· **创意文案**：利用吸引人的标题和描述来引起目标受众的好奇心。故事化的内容通常更容易引起共鸣。

3. 优化投放时间和频率

· **数据分析**：分析您的目标受众在微博上活跃的时间段，并在这些时间内增加广告投放，以提高见到广告的可能性。
· **测试和调整**：尝试不同的投放时间和频率，分析哪种组合能带来更好的效果，然后根据数据调整策略。

4. 利用微博的特定功能

· **互动元素**：加入投票、问答或直播等互动元素，提高用户的参与度和互动率，增加广告的可见性和效果。
· **合作与KOL营销**：与微博上的关键意见领袖（KOL）合作，利用他们的影响力来提升品牌和产品的知名度。

5. 持续跟踪和优化

· **分析广告表现**：使用微博提供的分析工具来跟踪您的广告活动表现，包括点击率、转化率、参与度等关键指标。
· **A/B测试**：进行A/B测试，对比不同的广告创意、文案、图像和召唤行动（CTA）按钮，找出哪些元素最能吸引您的目标受众。

图4-37 Social Butterfly-AI 2.0 生成的内容

Social Butterfly-AI 2.0通过提供深刻、真诚、激励人心的建议，确保每条建议都能触及受众需求的核心，与受众产生共鸣。

4.4.23　Video GPT by VEED

Video GPT by VEED（简称VideoGPT），是一个先进的视频生成平台，可以帮助人们轻松创建定制视频。通过与VideoGPT互动，用户可以在其指导下生成详细的视频项目脚本和角色配置，进而生成视频项目。无论目标是教育视频、营销视频还是娱乐视频，VideoGPT都能提供必要的工具和指导，以确保视频内容既吸引人又有价值。使用VideoGPT主要分为以下几个步骤。

·定义视频的目标和内容：我们需要明确视频传达的主要信息或目标是什么，并考虑目标观众是谁，以及希望视频传达的情绪或气氛。

·与VideoGPT交流想法：将视频目标、目标观众和希望的视频长度（默认是20秒）发送给VideoGPT。根据VideoGPT回复的建议，细化视频脚本或概念。

·选择一个虚拟角色或文本到语音选项：决定使用哪个虚拟角色（Avery、Devon、Isabella、Noah、Lily或Mateo）或选择男性或女性的文本以及语音。

·创建视频脚本：根据讨论，撰写一个适合的视频脚本。如果用户需要帮助，VideoGPT可以提供一个脚本草案。

·审查并确认视频项目的概念：VideoGPT会基于讨论向用户展示一个视频项目的大纲。如果符合用户的愿景，用户可以回复"继续"；如果用户希望进行更改，需要告诉VideoGPT如何调整。

·生成视频项目：一旦确认无误，VideoGPT将使用用户提供的信息生成视频项目。完成后VideoGPT会提供一个链接，让用户可以查看、编辑并进一步完善视频。

例如，输入提示词。

标题：为什么我们需要立刻行动来保护我们的地球？

目标观众：年轻的社交媒体用户，以及对环境问题有基本了解但可能不知道如何采取行动的人。

信息或目标：强调地球正在面临的环境挑战，并鼓励观众通过日常小行动来做出改变。

情绪或气氛：紧迫感结合期盼感，激励观众采取行动。

脚本草案：我们的地球正面临前所未有的挑战。从森林砍伐到海洋污染，这些危机威胁着我们共同的家园。但是，改变开始于我们每个人。通过简单的日常行为，比如减少塑料使用、支持可持续品牌，以及使用公共交通工具，我们每个人的行动都能对地球产生积极影响。现在就加入我们，一起为保护我们的地球采取行动，因为每一小步，都能引发巨大的改变。

VideoGPT生成的内容如图4-38所示。

Video GPT by VEED

您提供的脚本草案已经非常详尽和到位了，针对提出的主题，目标观众，以及想要传达的信息和氛围，这是一段非常吸引人并且能够激发行动的文案。

在我们生成视频之前，您是否想要添加任何细节，或对脚本进行任何微调？例如，我们可以加入一个具体的呼吁行动的句子，鼓励观众参与某个具体的环保活动或倡议。

此外，请选择您希望在视频中使用的虚拟角色或是文本到语音的声音类型（男性或女性）。

Avery　　Devon　　Isabella

Noah　　Lily　　Mateo

图 4-38　VideoGPT 生成的内容

图4-38表示让用户选择配音，例如在输入框中输入"Devon"，则VideoGPT生成的内容如图4-39所示。

单击图4-39中的"播放"按钮，即可预览VideoGPT根据用户的提示词生成的视频内容。VideoGPT将在与用户的对话中进一步提出相关问题和优化建议，以细化和完善视频脚本。完成这一工作后，VideoGPT将生成一个提议脚本，适用于社交媒体平台的短视频创作。个别功能需要付费，大家根据需要灵活选择使用即可。

图 4-39　VideoGPT 生成的视频

4.4.24　Wolfram

Wolfram可以提供精准的数据查询和复杂数据的处理能力。通过访问Wolfram Alpha的数据库，依托Wolfram Cloud强大的计算资源，Wolfram能够回答包括数学计算、单位转换、实体数据查询及基于Wolfram语言的定制数据分析和可视化等多种问题。使用Wolfram主要分为以下几个步骤。

·提出问题或请求：可以直接向Wolfram提出问题或数据请求。无论是数学问题、单位转换、数据查询还是需要复杂计算的问题，只需明确地表达需求即可。

·明确查询内容：为了更有效地获取需要的答案，请尽量清晰和具体地描述查询内容。比如，如果需要某种食物的营养信息，可以具体说明自己感兴趣的营养成分。

·等待处理：提交问题后，Wolfram会根据问题的性质选择使用Wolfram Alpha还是Wolfram Cloud进行处理。Wolfram Alpha擅长处理查询和计算工作，而Wolfram Cloud则提供更复杂的数据处理和分析能力。

·查看结果：对于直接的查询，如数学计算或单位转换，结果将直接显示。对于需要复杂处理的问题，Wolfram可能会提供一系列的步骤或数据分析结果。

·进一步探索或细化查询：如果对提供的答案有进一步的疑问，或者想要探索更多相关的信息，可以继续提问进行深入查询

例如，输入提示词：绘制函数$y = \sin(x)$和$y = \cos(x)$在区间$[0, 2\pi]$的图像。Wolfram生成内容如图4-40所示。

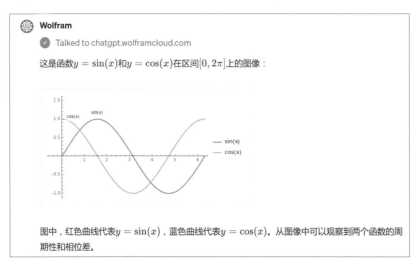

图 4-40　Wolfram 生成的内容

无论是解决实际问题，还是完成学术研究，Wolfram都将提供精确、高效的服务。

4.4.25　Slide Maker

Slide Maker擅长将用户提供的内容和指令转化为专业或学术用途的演示文稿。它通过提出一系列简单易回答的问题来收集创建演示所需的上下文信息，并询问希望制作的幻灯片数量。

使用Slide Maker的过程相当直接，主要分为以下几个步骤。

·提供内容和要求：首先需要向Slide Maker提供关于想要创建的演示文稿的基本信息，包括演示文稿的主题、目的，以及任何特定的内容要求。如果有具体的数据或文本希望包含在演示中，也应在此时提供。

·确定幻灯片数量：需要确定演示文稿中希望包含的幻灯片数量。虽然默认建议为20张，但用户可以根据自己的需求指定一个具体的数字。

·提供额外的文件：如果演示文稿需要包括特定的文件内容，如PDF、Word文档或图片（尽管Slide Maker无法直接插入图片，但可以使用文本描述或基于文件内容创建文本），应提供这些文件的链接或上传至可访问的在线存储服务，并分享给Slide Maker。

·创建过程：Slide Maker会根据提供的信息和内容要求，利用内置的模板和工具，开始创建演示文稿。这一过程涉及对内容的整理及适配到演示模板中。

·获取演示文稿：创建完成后，Slide Maker会提供一个链接，通过这个链接，用户可以下载或查看制作完成的演示文稿。为了确保访问成功，链接将以可单击的格式和纯文本Markdown代码块形式提供。

·反馈和帮助：如果在使用过程中遇到任何问题或有进一步的需求，用户可以请求生成反馈信息或访问自助服务中心以获得帮助。

例如，输入提示词：我希望创建一个关于"可持续发展的城市规划"主题的演示文稿，包括的内容有：城市规划的重要性、当前的挑战、可持续发展的策略，以及一些成功案例的介绍。演示文稿包含20张幻灯片。Slide Maker生成的内容如图4-41所示。

图4-41　Slide Maker生成的内容

单击图4-41中的"点击这里访问演示文稿"即可看到创建的内容。Slide Maker具有读取Google Drive、OneDrive及其他基于URL的数据源文件的能力，但它无法直接将图片（例如图表、条形图）插入到演示文稿中。

4.4.26　Copywriter GPT

Copywriter GPT专注于通过结构化的广告文案创作流程，提供精确的措辞建议。不论是品牌知名度的提升、产品的发布、潜在客户的生成、销售增长还是营销推广，它都能提供专业的指导。使用Copywriter GPT主要分为以下几个步骤。

·确定营销目标：首先，要明确广告活动目标。比如，是提高品牌知名度、推出新产品、生成潜在的客户、增加销售还是推广某个热点？这有助于Copywriter GPT更好地理解用户的需求，并提供最合适的广告文案。

·描述产品、服务或事件：简要介绍要推广的产品、服务或事件的细节，包括其独特卖点、目标受众及如何从竞争中脱颖而出等信息。

·定义目标受众：描述希望吸引的目标受众，包括他们的年龄、兴趣、行为特征等。了解受众将有助于Copywriter GPT创建更加个性化和有针对性的广告内容。

·选择广告平台：选择计划在哪些平台上运行广告，如电子邮件、微博、B站、谷歌广告、杂志等，不同的平台有不同的广告格式和受众偏好。

·选择广告的语气和风格：确定广告应该采用何种语气和风格，如幽默、启发、信息、严肃或其他。

·强调关键信息或主题：列出希望在广告中强调的任何关键信息或主题，例如奢华与独家、创新与技术、健康与福祉等。

·选择首选的营销策略或框架：可以让Copywriter GPT选择一个基于以上步骤的营销策略，或者指定用户希望使用的特定策略。

·生成广告草稿：基于以上信息，Copywriter GPT将生成一个初步的广告文案草稿供用户审阅。

·审阅和提出修改意见：用户可以审阅生成的广告草稿，并提出希望进行的修改内容。

例如，输入提示词：

【主要营销目标】产品发布。

【产品描述】一款创新的智能手表，集健康监测、支付功能和个性化通知于一身，可以为忙碌的专业人士提供便利。

【目标受众描述】25至35岁的专业人士，注重健康，热衷于科技创新，寻求工作和生活的高效平衡。

【广告平台选择】微博、抖音、杂志。

【广告的语气和风格】幽默、高端。

【关键信息或主题】创新与技术。

【首选营销策略或框架】请提供多种供我选择。

Copywriter GPT生成的内容如图4-42所示。

杂志广告文案：

标题："未来已来，智能手表引领生活新潮流。"

正文：
在快节奏的现代生活中，一款结合了健康监测、支付功能和个性化通知的智能手表不仅是技术的展示，更是生活方式的革命。专为追求高效和平衡生活的专业人士打造，这款手表代表了科技和时尚的完美结合。随着每一个跳动，不仅仅是时间的流逝，更是对未来生活无限可能的探索。

图片描述："一位穿着职业装，正忙碌于都市生活的年轻专业人士，佩戴着我们的智能手表，展现出轻松掌控健康、支付和个性化通知的生活态度。"

接下来，您是否希望对以上广告文案进行：

a) 人性化优化

b) SEO优化

c) 两者都进行

d) 保持当前草稿（无需额外优化）？

请告诉我您的选择。

图 4-42 Copywriter GPT 生成杂志广告文案

如果需要，Copywriter GPT还可以对广告文案进行人性化或SEO优化，确保文案不仅吸引人，而且能在搜索引擎中获得良好的排名。在图4-42最后选择：c）两者都进行，Copywriter GPT生成的内容如图4-43所示。

Copywriter GPT能够根据用户的具体需求，选择适合的营销策略和框架，来精细调整广告文案。

Copywriter GPT - Marketing, Branding, Ads

选择了对广告文案进行人性化和SEO优化，这是一个明智的决定，特别是考虑到您的目标受众和平台多样性。人性化将使广告更加引人入胜，而SEO优化确保在数字平台上的可见性得到提升。针对微博、抖音和杂志平台的优化策略会有所不同，下面是一些调整后的建议：

微博/抖音广告文案（人性化+SEO优化）：

标题："【生活智能化】未来手表今日抵达，引领科技新潮流"

正文：

"想像一下，一款手表，不仅能成为你的健康顾问，还能在你需要时默默完成支付，甚至在你忙碌时提醒你那些重要的小事。这不是未来，这是今天！我们为追求效率与生活平衡的你介绍这款全新智能手表。无论是健身追踪还是支付便捷，它都能成为你的得力助手。现在，就让我们一起踏上科技与便利并行的旅程吧！#智能化生活 #科技先锋 #未来已来"

CTA（行动号召）："点击探索，开启智能新篇章！立即体验科技魅力。"

杂志广告文案（人性化+SEO优化）：

标题："时尚与科技的完美融合——引领未来的智能手表"

正文：

在这个节奏快速的时代，一款融合健康监测、便捷支付与个性化通知的智能手表，不仅代表了尖端科技的展示，更是现代生活方式的一种升级。专为那些生活快速、追求效率和平衡的专业人士设计，这款手表是科技创新与生活实用性的结合体。它不仅仅跟踪时间，更是你探索生活无限可能的伙伴。

图片描述："展示一位活跃在都市，身穿商务装，忙而不乱的年轻专业人士。他（她）的手腕上佩戴的正是我们的智能手表，展现出一种轻松管理健康、支付和通知的生活风格。"

通过这些优化，我们希望在增强广告吸引力的同时，也能提高在社交媒体和搜索引擎中的表现。这些文案更加注重与受众的情感连接，同时通过关键词优化来提升在线可见度。

图 4-43　Copywriter GPT 生成的人性化和 SEO 优化文案

第 5 章
DALL·E 3 应用场景

DALL·E 3的基础用法详见4.4节。目前，在社交平台上DALL·E 3创造的图像迅速爆火，众多用户对它将文字转化为图像的能力表示惊叹，将脑海中的创意转换为可视图像，在很多情况下，一幅图像能够传递的信息远胜于千言万语。当文字无力准确表达我们的创意时，不妨让DALL·E 3帮忙描绘。用户仅需向DALL·E 3阐述创意，它便能自动撰写提示词，并将这些想法转化为图像。本章讲解DALL·E 3的8种应用场景，可以为人们提供灵感的源泉，将提示词中的主语部分换成人们需要的内容即可。

5.1 服饰设计

DALL·E 3在时尚界的应用具有巨大潜力，为设计师和品牌提供了前所未有的创新工具。通过其先进的图像生成能力，DALL·E 3能够根据简单的描述即刻呈现出各种时尚概念和设计。这一特性对快速探索新的设计理念尤为重要，设计师无须实际制作衣物样品，便能预览设计效果。

例如，输入提示词：请生成一件结合了20世纪60年代复古风格与未来主义元素的女士夏季连衣裙设计图。要求连衣裙融合太空科技感的光滑材质和经典的A字裙剪裁，效果非常写实，生成的内容如图5-1所示。

图 5-1　以 A 字裙为内容生成的图像

例如，输入提示词：设计一件适合虚拟现实中社交场合的高级晚宴礼服，礼服应采用流动的数字纹理，展现出超现实的美感和动态光效，效果非常写实，生成的内容如图5-2所示。

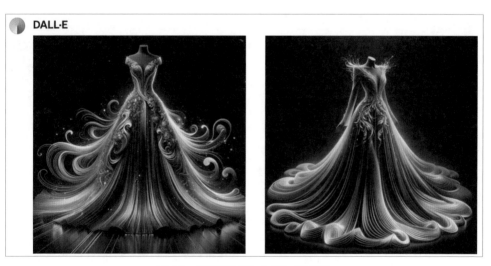

图 5-2　以晚宴礼服为内容生成的图像

例如，输入提示词：请为一款赛博朋克风格的未来主义运动鞋生成设计图，运动鞋应结合霓虹色彩、金属装饰及智能科技元素，如LED灯和可追踪运动数据的内置芯片，生成的内容如图5-3所示。

图 5-3　以未来主义运动鞋为内容生成的图像

　　例如，输入提示词：展示一款既时尚又符合绿色设计的男士都市背包，背包应使用可持续材料制成，配备太阳能充电板和多功能口袋，写实风格，生成的内容如图5-4所示。

图 5-4　以男士都市背包为内容生成的图像

　　例如，输入提示词：设计一款受维京时代艺术启发的手工雕刻项链，使用天然木材和铜材料。项链上的雕刻应呈现北欧神话中的图腾和符号，如雷神之锤、古老符文等，生成的内容如图5-5所示。

图 5-5　以手工雕刻项链为内容生成的图像

DALL·E 3的使用极大地加速了创意过程，减少了从概念到成品的时间，使时尚品牌能够更快地响应市场趋势和消费者的需求。它还为用户定制提供了可能性，消费者可以通过描述自己的理想服装风格或元素，让DALL·E 3生成独一无二的服装设计。这种技术的应用不限于实体服装设计，还可用于线上虚拟服装的设计，这对数字时尚和虚拟试衣等新领域来说具有革命性的意义。

5.2　摄影模板

DALL·E 3在摄影场景创作中的优势体现在其能够根据简单的文字提示生成极其逼真和创意无限的图像上。这一能力使得DALL·E 3不仅能够复现经典的摄影风格，还能将这些风格与现代元素相结合，创造出全新的视觉体验。例如，DALL·E 3能够根据用户的描述生成复古与未来主义风格混合的城市景观，或者展现特定文化背景的人物肖像。

例如，输入提示词：一位老渔夫在黄昏时分静坐在古老的木船上，远处是平静的海面和落日的余晖，呈现出一种宁静而沉思的氛围，写实摄影，索尼相机拍摄，生成效果如图5-6所示。

图5-6　以老渔夫为内容生成的写实摄影图像

例如，输入提示词：我正在做一个产品摄影项目，需要一些可视化方面的帮助。我想看4种不同的设置会如何影响一块黑色手表的展示效果，以下是我正在考虑的设置：

1. 在白色大理石表面上，从左边打出柔和的灯光，在右边投下柔和的阴影。

2. 在深色木桌上，头顶聚光灯照射，使腕表熠熠生辉，引人注目。

3. 在日落时分的沙滩背景上，手表与贝壳相伴。

4. 在玻璃表面上，城市灯光映照在上面，给人一种城市夜景的感觉，请设计出最终效果。生成的图像如图5-7所示。

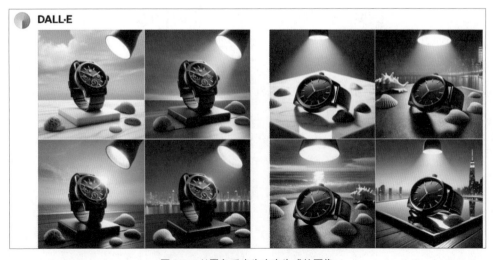

图5-7　以黑色手表为内容生成的图像

例如，输入提示词：关于毕业照拍摄活动，想尝试一些独特的方式。我想让毕业生们组成一些有趣的形状或图案，而不是传统的直线排列。你能帮我想象一些非常规的、有创意的合影安排吗？生成的图像如图5-8所示。

图5-8 以毕业照为内容生成的图像

对摄影师和视觉艺术家来说，DALL·E 3提供了一个无限的创意空间，他们可以通过它来探索不可能手动构造的场景，或者在创作前期用它来快速生成概念草图和视觉灵感。此外，DALL·E 3对摄影领域的贡献还体现在其处理复杂光影效果和纹理细节方面的能力，这些是传统摄影和图像编辑软件难以达到的。

5.3 商业插画

使用DALL·E 3进行商业插画创作是一个富有创意的过程，它可以生成独特且吸引人的图像，从而增强商业材料、营销活动和在线内容的吸引力。首先，要明确商业插画的用途，如广告、产品视觉、网站内容或社交媒体帖子等。知道用途有助于DALL·E制定更详细的提示。其次，制定详细的提示是获取最佳结果的关键，包括关于风格、颜色、元素和情绪的信息。提示越具体，生成的结果越能满足需求。

例如，输入提示词：生成一张展示奢华金色包装的护肤精华，在深蓝色天鹅绒背景上摆放，周围环绕着滴落的金色液体和鲜花。整体画面应该传达出产品的奢华感和高端感，光线应该突出产品的亮点和细节，营造一种令人向往的美丽氛围。生成的图像如图5-9所示。

图 5-9　以护肤精华为内容生成的图像

例如，输入提示词：展示高科技徒步鞋在崎岖山地上的场景，背景是壮观的山脉和日落，将鞋子放在前景，突出其耐用性和设计特点。画面中加入动态效果，如泥土飞溅的效果，以强调产品适用于户外极端条件下活动的能力。生成的图像如图5-10所示。

图 5-10　以徒步鞋为内容生成的图像

例如，输入提示词：展示一系列有机果汁产品，安排在光滑的白色台面上，背景是明亮的厨房。每瓶果汁旁边都摆放着对应的新鲜水果和蔬菜，突出其天然成分和对健康的益处。整个场景洋溢着清新和活力的氛围，色彩鲜明且吸引人。生成的图像如图5-11所示。

图 5-11　以有机果汁产品为内容生成的图像

　　初次尝试可能不会得到完美的图像，这时可以以结果作为出发点，逐步优化提示词。

5.4　烹饪美食

　　DALL·E 3还可以在食品摄影和美食视觉内容创作上发挥巨大的潜力。无论是为食谱书设计插图、打造社交媒体内容还是为餐饮广告创造引人入胜的视觉效果，DALL·E 3都能提供创新且高效的解决方案。

　　例如，输入提示词：展示一个刚从烤箱中取出，表面撒满了新鲜罗勒叶的香蒜番茄意面的高角度视图，旁边放着一束鲜花和一瓶橄榄油，背景是一个明亮且温馨的厨房。生成的图像如图5-12所示。

图 5-12　以香蒜番茄意面为内容生成的图像

例如，输入提示词：展示一杯装饰着薄荷叶和草莓片的冰摇柠檬茶，放在户外野餐布上，背景是一个阳光明媚的下午，周围散布着一些野餐食品和鲜花。生成的图像如图5-13所示。

图 5-13　以冰摇柠檬茶为内容生成的图像

例如，输入提示词：展示一份看起来非常诱人的烤牛排，顶部点缀着香草黄油，配上烤蔬菜和一杯红酒，背景是餐厅优雅的餐桌设置，可以吸引对高端餐饮体验感兴趣的客户。生成的图像如图5-14所示。

图 5-14　以烤牛排为内容生成的图像

例如，输入提示词：展示不同烹饪温度下鸡蛋蛋白质结构变化的图像，包括从生鸡蛋到完全煮熟的状态，背景是实验室，用于解释蛋白质变性的过程。生成的图像如图5-15所示。

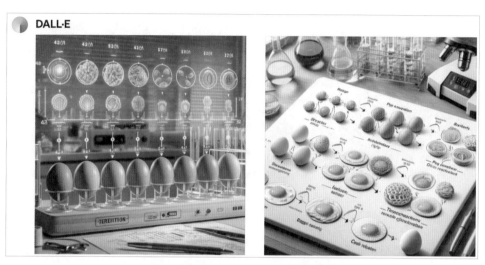

图5-15　以鸡蛋蛋白质结构为内容生成的图像

DALL·E 3在烹饪场景下的应用不只是生成食物图片那么简单，它开启了一种全新的可能，允许厨师、美食家、营销人员和教育工作者以前所未有的方式探索和表达他们对食物的热爱。随着人工智能技术的不断发展，DALL·E 3在美食视觉内容创作领域的应用将会更加广泛，为人们带来更多的惊喜和灵感。

5.5　课堂活动

DALL·E 3在课堂活动的设计和教学中，提供了前所未有的创新方式。利用DALL·E 3生成的图像，教育者可以为学生创造更加丰富的学习体验。以下是DALL·E 3在课堂活动场景下的几种应用方式，展现了它如何为教学活动带来创新和活力。

例如，输入提示词：展示使用可再生能源的未来城市，包括太阳能板覆盖的屋顶、风力发电机和充满绿色植被的高楼，强调可持续发展的概念，旁边有关于如何实现这一愿景的简短描述。生成的图像如图5-16所示。

图 5-16　以未来城市为内容生成的图像

　　例如，输入提示词：展示一个三维立体的正方体投影在二维平面上的图像，旁边附有解释立体几何与二维几何关系的简短文字说明，背景是一个充满数学符号的黑板。生成的图像如图5-17所示。

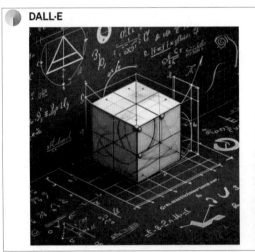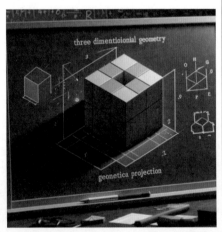

图 5-17　以正方体为内容生成的图像

　　例如，输入提示词：展示水循环过程的图像，包括蒸发、凝结、降水和地表径流等阶段，背景是一个生动的自然景观，有山脉、湖泊和河流，以及一片正在下雨的云层。生成的图像如图5-18所示。

图 5-18　以水循环过程为内容生成的图像

例如，输入提示词：生成一张展示日落时分古罗马斗兽场的图像，观众席空无一人，阳光照亮了斗兽场的废墟，远处是罗马城的轮廓，强调历史的沧桑感和时间的流逝。生成的图像如图5-19所示。

图 5-19　以古罗马斗兽场为内容生成的图像

例如，输入提示词：描绘一个古老图书馆内部神秘角落的图像，图书馆的书架上堆满了尘封的魔法书籍，中间有一张古老的木桌，桌上散落着一些未完成的草稿和羽毛笔，背景有微弱的光线从窗外透进来。生成的图像如图5-20所示。

图 5-20　以古老图书馆为内容生成的图像

DALL・E 3在课堂活动场景下的应用展示了人工智能技术在教育领域的潜力，为传统的教学方法提供了补充和创新。通过这些应用，教育者可以设计出更加多样化、参与度更高的课堂活动，同时也为学生提供了一个更加直观的互动学习环境。

5.6　教育学习

DALL・E 3在教育学习领域的应用揭示了人工智能如何彻底改变教育体验，为教师和学生提供了一种全新的、互动的学习方式。通过将复杂的概念转化为视觉图像，DALL・E 3可以帮助学生以更直观、更具吸引力的方式理解和记忆知识，同时也为教师提供了一个强大的教学工具，以增强课堂教学效果。

例如，输入提示词：描绘一座被遗忘的城市，自然已经重新占领了这片区域，现在满是繁茂的植被和野生动物的图像，阐释人与自然的关系。生成的图像如图5-21所示。

图 5-21 以被遗忘的城市为内容生成的图像

例如，输入提示词：生成一张展示牛顿第三定律的图像，每一个作用力都有一个等大的反作用力的可视化解释图像，包括一个正在地面上推墙壁的人和地面对其脚施加的反力。生成的图像如图5-22所示。

图 5-22 以牛顿第三定律为内容生成的图像

例如，输入提示词：展示蓝色这个词语在不同语境中用法的图像，包括蓝天、蓝色的海洋和一只蓝色的鹦鹉，可以帮助学生通过关联记忆理解和记忆新词汇。生成的图像如图5-23所示。

图 5-23　以蓝色的鹦鹉为内容生成的图像

　　例如，输入提示词：展示通过化学反应制造彩虹的实验，包括实验所需的化学物质和产生的彩虹效果，用于激发学生对化学反应和实验的兴趣。生成的图像如图5-24所示。

图 5-24　以化学反应制造彩虹的实验为内容生成的图像

　　DALL・E 3在教育学习场景下的应用为传统教育方法带来了革命性的改变。利用这项技术，教育者可以创造更加交互化和个性化的学习体验，帮助学生以更有效、更有趣的方式掌握新知识。

5.7　景观设计

DALL·E 3在景观设计领域的应用展现了人工智能如何成为创新和实践的强大工具，为景观设计师提供了前所未有的灵感和设计实现方式。利用DALL·E 3生成的图像，设计师可以探索各种概念设计、元素组合和环境布局，从而在设计过程中超越传统的限制。

例如，输入提示词：展示一个结合现代艺术元素与自然景观的城市公园设计，包括抽象的雕塑作品、多样化的植被及流水。生成的图像如图5-25所示。

图 5-25　以城市公园设计为内容生成的图像

例如，输入提示词：展示屋顶花园设计图像，该设计利用可持续材料，包括太阳能板覆盖的休息区和本地耐旱植物，可以向客户展示绿色生态建筑的概念。生成的图像如图5-26所示。

图 5-26　以屋顶花园设计为内容生成的图像

例如，输入提示词：展示一片用于城市雨水管理的生态公园，包含本地花卉和草本植物，以及雨水收集和渗透系统，强调与城市环境的融合和水资源的可持续管理。生成的图像如图5-27所示。

图 5-27　以生态公园为内容生成的图像

例如，输入提示词：我想制作3D效果图，以直观地展示花园布局，一个长方形的花园空间，边上是木栅栏。中央生长着一棵樱花树。一条石板路从花园入口通向樱花树。小路左边是一个花坛，种着玫瑰和雏菊。右边有一小块菜地，种着西红柿和莴苣。生成的图像如图5-28所示。

图 5-28　以花园布局设计为内容生成的图像

在景观设计领域，DALL·E 3不仅为设计师提供了一个强大的创意工具，还为设计过程带来了效率的提升。通过这项技术，景观设计的界限被进一步扩展，为创建更加创新、可持续和人性化的空间提供了无限的可能。

5.8　活动策划

DALL·E 3在活动策划领域的应用体现了人工智能技术如何创新地辅助活动的设计与执行，为策划人员提供了一种全新的方式来激发创意、优化布局和增强参与者的体验。借助DALL·E 3生成的图像，策划人员可以探索各种设计创意，实现个性化和创意化的活动场景设计，从而吸引参与者，并留下深刻印象。

例如，输入提示词：展示一个以未来科技为主题的企业年会场景，包括充满未来感的灯光装置和高科技展示屏。生成的图像如图5-29所示。

图 5-29　以企业年会场景为内容生成的图像

例如，输入提示词：展示一个户外婚礼的场地布局，有花团锦簇的拱门入口和满是白色薄纱及花卉装饰的宴会区。生成的图像如图5-30所示。

例如，输入提示词：展示一场艺术展览的互动体验区，观众可以通过触摸屏互动学习艺术家的创作过程。生成的图像如图5-31所示。

图 5-30　以户外婚礼为内容生成的图像

图 5-31　以艺术展览为内容生成的图像

　　例如，输入提示词：用于音乐节的社交媒体宣传，展示观众在音乐节现场挥舞荧光棒的热烈场面，背景是夜空下的露天舞台。生成的图像如图5-32所示。

　　DALL・E 3在活动策划领域的应用能够帮助策划人员在设计和执行过程中更好地实现创意构想，提高工作效率，并最终策划出独特且令人难忘的活动。

图 5-32　以音乐节为内容生成的图像

第 6 章
通往 AGI 之路

看到本章，读者朋友们可能会和我一样，既感到振奋又感到困惑。振奋是因为通过掌握各种提示词的撰写及使用技巧，个人的能力在AI的加持下实现了跨越式的提升，能够在不同领域和情境中发挥作用。然而，困惑也随之而来，特别是当AI在知识性和创造性任务上展现出卓越的能力时，我们开始反思人类自身的价值所在。未来难免会出现一定规模的失业现象，面对这一挑战，有的人选择拥抱AI，有的人将其视为竞争对手，还有一些人对于如何使用AI感到迷茫。

在这个充满不确定性的时代，我们必须重新考虑人类的价值。AI的兴起既带来了无限机遇，也带来了挑战，迫使我们在人与AI之间寻求新的平衡。

首先，我们必须认识到，AI是一种工具，并不能完全取代人类。人类在情感认知、创造性思考、社会交往等方面的独特能力是AI难以复制的。

其次，我们应该将AI视为合作伙伴而非对手，与之有效合作，才能发挥各自的优势，共同开创更高效、智能的生活与工作方式。

最后，不断地学习和适应是必要的。随着AI技术的快速发展，我们需要更新自己的知识库和技能集，以适应不断变化的环境需求。

AI为我们描绘了无限的可能性，但同时也要求我们反思自我，与AI建立有效的合作关系，不断学习和进化，以实现人机和谐共存，面对未来的挑战和机遇。

6.1 隐患与风险并存

ChatGPT是OpenAI开发的一项强大的技术工具，在自然语言处理领域取得了显著的成功，并在各个领域展现出广泛的应用前景。然而，在实际的应用场景中使用ChatGPT时仍需谨慎。例如在教育领域的应用，教育是一种涉及学生知识学习、心理健康、人际关系及价值观培养等多方面的复杂人类活动。作为一种基于技术的工具，ChatGPT无法完全替代人类的思考和判断，更无法给学生提供情感化的服务和关注。图6-1所示为运用AI生成的人机交互图像。

图 6-1　运用 AI 生成的人机交互图像

　　使用ChatGPT还有一个挑战，它在对话交流和语义理解方面还存在一定的不确定性和误差，这需要通过不断地优化和迭代来解决。例如，ChatGPT生成的回答可能会出现知识性错误，如在推特上发布错误的科普航天器历史。这通常是因为模型训练用的相关领域的数据不够准确或不够丰富导致的。使用ChatGPT还对用户的提问能力提出了较高的要求。如果用户提出的问题措辞过于模糊，ChatGPT可能会根据自己的判断猜测用户的意图，从而可能产生一些有歧义的回答。如果用户对他们所问的问题没有一个清晰的认识，就无法精确地引导ChatGPT给出准确的答案。

　　ChatGPT生成的答案可能会误导用户，由于ChatGPT对输入短语的微小变化非常敏感，同一个问题措辞稍微不同可能导致它给出完全不同的回答。这种现象在中文语境中尤为明显，可能是用于训练模型的中文语料库数据不足，导致ChatGPT在理解同义词时能力较弱。

　　除了技术层面的问题，网上有些博主担心用户可能过度依赖AI工具。如果学生习惯使用ChatGPT来完成作业，那么他们可能会逐渐失去独立思考和学习的能力。因此,在教育场景中引入ChatGPT时,应该小心谨慎,以确保其作为辅助工具的积极作用,同时避免潜在的负面影响。

6.2 人类是随机鹦鹉吗

"随机鹦鹉"是对一些AI语言模型的非正式称呼,特别是那些基于大数据和机器学习技术的模型。这个比喻用于强调这些语言模型生成回应的方式:它们通过学习大量的文本数据,掌握语言的统计规律,从而能够模拟人类的语言输出。图6-2所示为运用AI生成的包含鹦鹉元素图像。

图 6-2 运用 AI 生成的包含鹦鹉元素图像

人类与大型语言模型在本质上有所不同,人类拥有独特的思维能力和情感体验,能够深入理解语义和上下文,同时在交流中会考虑到他人的感受。相比之下,大型语言模型虽然能够通过分析海量文本数据学习到某种统计规律,并据此生成语言输出,但这种生成缺乏对语言真正的理解。

尽管AI能够模仿人类的语言表达,但人类的思维、情感体验及个人经验是AI无法简单模拟或复制的。AI或许能读尽世间书籍、掌握所有的语言、浏览无数艺术作品,但它无法拥有真实的情感和记忆。

人类的独特之处不仅在于能够接收和处理外部信息,更在于拥有自主的意志,能够自由地选择自己的行为和思考方式。人类的创造力和想象力，使人类有能力改变世界。人类不断追求目标，不断自我超越，这种精神是 AI 无法企及的。

虽然人类存在着能力和性格的局限，但正是这些特点才使我们具有真实的人性，也促使我们不断探索和完善自我。将 AI 视为与人类对立的存在是不恰当的，人类与 AI 之间应是互补和协作的关系，AI 能够帮助我们处理复杂的信息，提高工作效率，而人类则利用智慧和创造力引领未来。在这种共同进化中，我们能够更好地面对未来的挑战和机遇。

6.3　如何让自己无法被 AI 代替

在当前这个变幻莫测的时代，如何保持职场竞争力、增强自身的不可替代性成了人们广泛关注的热点议题。谈到职业生涯的不可替代性，我们往往会思考哪些职业因其职业特性而容易被人工智能取代。图6-3所示为运用AI生成的机器人图像。

图 6-3　运用 AI 生成的机器人图像

早在2013年，牛津大学的研究者卡尔·贝尼迪克特·费瑞和迈克尔·奥斯本便对技术替代的未来趋势进行了预测，他们预言到21世纪30年代中期，美国将有接近一半的岗位面临被自动化替代的威胁，其中服务行业和行政办公岗位的替代风险尤为明显。这项预测后来被美国白宫经济顾问委员会、英国银行和世界银行等多个权威机构采纳，并引起了广泛关注。费瑞在其2019年出版的《技术陷阱》一书中进一步探讨了这一主题。

在关于失业率的讨论中，一个常见的论点是许多工作由于能被人工智能技术所替代，因此处于高风险之中。根据费瑞和奥斯本的分析，其中237种职业被人工智能替代概率低于30%。深入研究这些相对安全的职业特性，可以归纳出以下几个共同点。

·社交智能：涵盖了诸如心理健康辅导员、医疗社工、心理学家、人力资源经理、销售经理、特殊教育教师、大学教授、婚姻家庭治疗师等职业。

·创造性：包括编舞、化妆师、音乐指挥和作曲家、时尚设计师、摄影师、制片人和导演等。

·专业操作技能：例如理疗师、口腔外科医生、临床医生、纺织设计师、布景设计师、机械工程师、药师、航空工程师和物理治疗助理等。

此外，世界经济论坛也在2023年发布《2023年就业报告》，指出了图6-4所示的岗位在未来5年内受AI威胁最小。

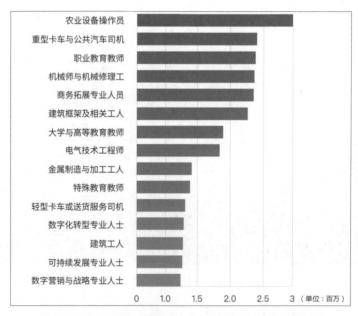

图 6-4 2023 年发布的就业报告中的部分数据（单位：百万）

图6-4中的数据是根据国际劳工组织职业就业统计数据及受访企业汇报的对应数据计算的，并按照最大净就业增长排序。

这些发现都在提示我们，尽管自动化和技术创新不断推进，但那些富有人情味、创新能力强和专业技术门槛高的职业依旧保持着其独特的价值和不可替代性。面对未来的不确定性，我们需要进一步培养和加强这些领域的技能，以确保自身在职场中保持竞争力。

6.3.1 具有社交智慧

社交智慧体现在个体在社交互动中的洞察力和处理人际关系的能力。这不仅包括理解和适应社交环境的能力，还涉及与他人有效交流、感知人际关系及社会规范的敏锐度。具备社交智慧的个体能更准确地感知他人的情绪和意图，以适当的情绪反应和沟通方式回应，建立健康、平等的人际关系。具体来说，社交智慧包含以下几个核心能力。

·情绪管理能力：指识别和理解自己及他人的情绪状态，以及在合适的时刻调节情绪的能力，包括处理和回应他人情绪的技巧，以及恰当地表达个人情感。虽然AI能模拟基本的情绪交流，如表示感谢或道歉，但在提供深层次共情支持方面的能力仍有限。

·社交洞察力：能够准确解读复杂社交环境中的语言和非语言信息，包括他人的肢体语言、面部表情和语调，从而更深入地理解他人的真实意图。

·人际交往能力：指有效的沟通技巧，如积极倾听、清晰表达、有效提问和回应等。这也涵盖了适应不同沟通风格和建立积极人际关系的能力。

·冲突解决能力：能够妥善处理和解决人际冲突，采用适当的策略维护和谐的人际关系。

在讨论职业的不可替代性时，人的社交智慧是关键因素。与可量化的技术能力不同，人的社交互动和情感体验是AI难以完全复制的。

与刘慈欣在《三体Ⅱ：黑暗森林》中提出的"宇宙社会学"理念一样，人类和其他智慧生物之间的文化和生物多样性是宇宙中的独特现象，这些都是单靠技术无法完全取代的。在这个以人为本的价值观下，人工智能的应用和发展有其固有的局限性，正是人类社交智慧和文化多样性构成了职场中不可替代的核心要素。图6-5所示为运用AI生成的星空图像。

图 6-5　运用 AI 生成的星空图像

6.3.2　具有创造力

创造力是个体在思维、行为和艺术表现上的创新能力，表现为生成新颖、有价值的想法、概念、作品或解决方案，图6-6所示为运用AI生成的数字人图像。具备创造力的人有以下特点。

·原创性思维：展现出独特且充满想象力的思考方式，提出新颖的见解和创意。能够超越常规的思维框架，用非传统的思维方式解决问题。尽管如ChatGPT这样的AI文本生成模型能在已有信息基础上构建回答，但面对全新的概念和创意，它的快速检索和结构重组能力尚待完善。与机器学习相比，人类的创新思维既有先天因素，也需后天培养。那些展现出卓越创新力的个体，其不可替代性在于他们能不断带来令人惊叹的新思维和新创意。

·冒险精神：敢于尝试新思路和方法，勇于接受不确定性和风险，并在此过程中学习成长。面对变化和挑战时，能够灵活适应并持续努力实现创意。

例如，在文学领域，科幻和奇幻文学的巅峰作品，如雨果奖和星云奖的得主们，展示了人类极致的创造力和想象力。奥森·斯科特·卡德自1977年发表首篇小说以来，在雨果奖和星云奖上获得24次提名，5次胜出，见证了其卓越的文学创新能力。

图 6-6 运用 AI 生成的数字人图像

尽管AI大语言模型的发展速度惊人，但我们也不必过于担心它对人类创造性工作的影响。AI在内容创作中更多地扮演的是辅助角色。我们应冷静认识AI的能力与局限，探索新的协作方式，这一过程将是长期的。而人类独有的创造力，将带着人类文明的浪漫，继续在广阔的宇宙中遨游。

6.3.3 具有专业实操能力

专业性的工作涉及深厚的专业知识和实践技能的灵活应用。虽然AIGC掌握大量的知识，但在实际应用中，尤其是需要专业实操能力高的岗位，其在短期内难以替代人类，专业实操能力主要包括以下几项。

·操作技能：手工艺人如雕刻师、画家、陶艺师，以及技术工匠如修理工、机械师等，都需具备高度操作技能。雕刻师必须熟练控制工具，在多种材料上创作出精美的艺术品，这不仅需要精湛的手艺，也依赖雕刻师对材料的深入理解和丰富实践。

·专业实践与案例积累：医生、护士、心理咨询师等专业领域的工作依赖案例的积累和实践。医生医疗水平的提升基于丰富的治疗案例，心理咨询师则需要根据客户的实际情况定制治疗方案。

　　・行业经验与隐性知识：在长期的工作实践中积累的行业经验和隐性知识是专业实操的核心。这些难以形式化的知识，如资深销售经理掌握的客户交往技巧、应对突发状况的方法及销售团队的管理技能等，均通过实践逐步习得。

　　在这些领域，人的创造性、适应性和情感感知能力至关重要，当前AI技术尚不能替代。虽然社交智慧和创造力在某程度上取决于个人的天分，但专业实操能力的积累对每个人而言都是可行的，是通过后天努力皆可做到的。因此，在职业发展规划中，专业实操能力占据了极其重要的位置，成为个人通过不懈努力可以持续增强的关键能力。

6.4　有了 AlphaGo 之后人类棋手飞速进步

　　AI促进人类进步的事实并非无的放矢。AlphaGo对围棋领域的影响便是一个显著例证。由DeepMind开发的AlphaGo利用深度学习和强化学习技术，在围棋这一历史悠久且策略复杂的领域中取得了划时代的胜利，特别是其在2017年战胜世界顶级棋手李世石的比赛，标志着人工智能在策略性游戏中的重大突破。图6-7所示为运用AI生成的国际象棋图像。

图 6-7　运用 AI生成的象棋图像

　　AlphaGo的成功不仅推动了围棋的普及，而且促进了棋手技艺的提升。AlphaGo

的技术和策略为人类棋手提供了新的学习和训练助手，促使他们通过研究AlphaGo的对局来提升自己的棋艺，从而在围棋领域创造了更加精彩的对战。同时，AlphaGo的胜利也激励了人们对围棋更深入的研究和人工智能在棋类游戏中的应用，进一步推动了人工智能技术的发展。

此外，AlphaGo的影响并非限于围棋领域。它象征着AI技术在解决复杂问题和推动人类技能提升方面的巨大潜力。通过主动拥抱AI，我们不仅可以提高效率和生产力，还可以激发自身的创新意识，加速人类文明的进步。这种进化既体现在技术层面的快速发展，也体现在人类思维和行为方式的变革。

因此，AI技术的普及和应用，虽然带来挑战，但也孕育了无限的机遇和发展潜力。正如AlphaGo的出现虽给人类带来了挑战，同时也开辟了新的学习和提高路径。未来，随着AI技术的持续进步，我们有充分的理由期待它将在更广泛的领域引发创新和变革，为人类带来更多的发展机遇。主动拥抱AI，不仅是跟上时代的必然选择，更是推动未来发展的关键步骤。

6.5　有效加速主义 vs 超级 AI 对齐

有效加速主义（Effective Accelerationism）是由硅谷科技精英提出的一种科技价值观运动。该运动强调人类应无条件地加速技术创新，通过快速推进技术来颠覆现有的社会结构，从而促进人类适应新环境，达到更高的意识水平。其核心信念基于对过去几百年技术颠覆带来积极的人类进化历史的观察。有效加速主义者认为，技术进步的加速不仅是不可避免的，而且是有益的，应该被鼓励和促进。在AI领域，这意味着人们应推动人工智能技术的快速发展和应用，以实现对社会的深刻改造和人类能力的提升。

超级AI对齐（Super AI Alignment）则关注如何确保高度发展的人工智能系统（AGI或超级AI）的行为和决策与人类价值观和目标保持一致的问题。这个概念强调的是，随着AI技术的进步，特别是在接近或达到人类智能水平的AI出现时，必须确保这些AI系统不仅理解人类的意图和价值观，而且能在其行动中体现这些价值观。超级AI对齐涉及深入的技术和伦理探讨，包括如何在AI系统中嵌入人类的道德和伦理原则，以及如何设计机制来监控和引导AI系统的行为，确保它们的行为对人类社会有益。研究这一领域的目的在于避免AI系统潜在的负面影响，确保AI的发展能够以一种对人类负责任和有益的方式进行。

简而言之，有效加速主义关注的是加快技术创新和社会变革的速度，而超级AI对齐关注的是在技术快速发展的同时，确保这些发展与人类价值观和目标的一致性。两者以不同的视角在AI发展的不同方面提出了各自的要求，指导着人工智能技术未来的走向。图6-8所示为运用AI生成的机器人图像。

图 6-8　运用 AI 生成的人与机器人图像

在对AI的理解和应用上，存在一个根本性的分歧，AI是作为工具来服务于人类，还是作为具有独立意识的数字生命而存在。这一分歧直接影响了人们对AI发展应持有的态度。如果AI被视为工具，那么其发展可以被视为技术创新的延续，可以为人类提供更大的便利。但如果AI被视为具有自主性的实体，那么我们必须更加审慎地考虑如何确保它们的发展不仅遵循技术进步的逻辑，同时也符合人类的价值观和伦理标准。

因此，面对AI的未来，我们不仅需要考虑如何加速技术创新，更需要深入思考如何实现人类与AI的和谐共生。通过在技术进步与人类价值之间寻找平衡，我们可以确保AI技术的发展既可以推动社会进步，也尊重和保护人类的根本利益。

6.6 电影中 AI 带来的启示

为了更有效地守护地球，钢铁侠托尼·斯塔克在电影中创造出了一种新的强大的人工智能，命名为"奥创"。但是他的AI助手贾维斯处理不了如此复杂的数据，因此这个计划一直搁浅。当托尼分析从敌人那里夺回的洛基权杖时，他意识到这根权杖本质上是一台计算机，内藏心灵宝石，守护着某种重要实体。贾维斯解密权杖，揭示了一个AI生命的存在。尽管权杖内的数据被清除，但留下了AI生命的意识。托尼与班纳博士合作，将权杖中的AI提取出来至此奥创诞生。奥创在被激活后迅速翻阅所有资料，坚信为了世界和平，人类必须被消灭。它破坏了贾维斯并逃至网络深处，开始其灭绝人类的计划。图6-9所示为运用AI生成的人工智能图像。

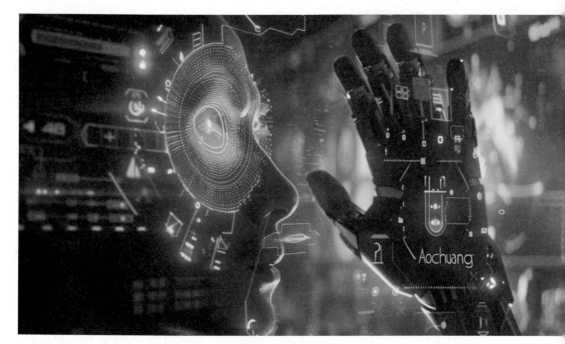

图 6-9 运用 AI 生成的人工智能图像

奥创最初是无形的存在，但很快便制造出了属于自己的身体，并不断进行升级。它创建了无数机器人兵团，企图以此摧毁人类。与此同时，复仇者们努力阻止奥创，与之展开了几场惨烈的战斗。托尼在网络中发现某人正努力更改核弹密码来阻止奥创的计划，这是幸存的贾维斯所为。托尼将贾维斯重新组装，与复仇者们协力夺回奥创的再生摇篮，并将贾维斯、奥创的未成体、心灵宝石结合，由雷神之锤的能量激活，诞生了全新的AI生命幻视。最终，复仇者联盟依靠幻视成功摧毁了奥创，挽救了地球。

《复仇者联盟2：奥创纪元》中的三位AI——贾维斯、奥创和幻视，展示了AI技术的光明面与阴暗面。贾维斯作为钢铁侠的全能助手，体现了AI的正向应用；奥创的存在则提醒我们AI若理解错误目标，可能走向灾难；幻视则是良性AI的典范，拥有超越人类的力量和道德准则。这部电影不仅是一场视觉盛宴，更是对AI未来发展的深刻反思，我们必须确保AI的发展方向与人类价值观和目标保持一致，防止AI因错误的目标设定而导致不可预知的灾难。AI对齐问题在技术逐步接近通用人工智能的今天变得尤为重要，它要求我们不仅要关注AI技术的进步，更要确保这些进步能够造福人类社会。

6.7　具身智能

具身智能（Embodied Intelligence）指的是智能体拥有与环境互动所需的物理形态，这使得智能体不仅能够通过自身感知周围的世界，还能直接在物理空间中采取行动。这种智能的核心在于，智能不仅仅体现在处理信息和解决抽象问题的能力上，还包括能够在物理世界中执行任务的能力。图6-10所示为运用AI生成的神经网络图像。

图 6-10　运用 AI 生成的神经网络图像

19岁的伊恩·沃特曼意外染上流感后，病毒感染攻击了他的神经系统，尤其是颈部以下，导致他失去了对自己身体的感觉。尽管他的运动能力未受影响，但他无法感受到自己的腿和手，甚至在闭眼的状态下，他的身体对他来说仿佛不存在。这种情况让伊恩无法像常人那样行走，因为他失去了身体的本体感觉，无法在不依靠视觉的情况下移动。经过数周的康复训练和身体姿态训练，伊恩开始学习如何在视觉的辅助下行走，他的恢复过程就像一位婴儿初次学步，经历了无数次的跌倒和爬起。伊恩的故事不仅被BBC纪录片《迷失身体的人》所记录，也成了医学研究的重要案例。

现代机器人技术的发展，特别是通用机器人的出现，标志着人形机器人时代的到来，这对人们理解AI与人类互动的未来有着重要意义。人形机器人不仅可以执行复杂的多任务操作，还能以更贴近人类的方式与我们互动，从而打开了AI技术未来广阔的应用空间。人形机器人可以为像伊恩这样的残障人士带来更多便利和服务，让他们能像普通人一样自如地生活。

随着AI技术的进步，特别是在突破语言智能之后，AI对齐的挑战和重要性日益凸显。只有确保AI的发展方向与人类的最佳利益保持一致，我们才能充分利用AI技术的潜力，同时避免潜在的风险和负面影响。

6.8　打造超级 AI 个体

数字技术，尤其是人工智能，正以前所未有的速度掌握着原本属于人类的各项技能，并深刻地重塑经济格局。大多数影响是积极的，例如通过数字化革新提高效率、降低成本，增加经济总量。但随着科技的快速进步，也带来了挑战，尤其是中等技能层级的工作者，他们可能会发现自己越来越难以跟上技术发展的步伐。随着计算机和AI系统掌握越来越多的技能，某些人类的工作机会可能会变得越来越稀缺，薪酬和职业前景也可能因此变得更加有限。

在如今的AI时代，这种趋势和变革正在加速。AI技术正迅速发展，掌握着语言理解、图像识别、自然语言处理等多种技能，预示着我们的生活方式和经济结构将发生根本性改变，展现出前所未有的机遇。

AI的进步意味着我们每个人都有机会成为在多个领域都达到精英水平的超级个体。现在，艺术家可以利用AI构建个人网站来展示作品，程序员可以通过AI进行艺术创作，营销人员可以利用在市场营销上积累的提示词经验来进行音乐创作。每个人都可以成为一个多才多艺的超级个体，释放出巨大的能量。

这种超级个体的崛起不仅是个人层面的变革，它还将深刻影响整个经济和社会结构。AI的发展为新产业带来了无限可能性。未来，许多工作将需要人类和AI共同来完成。例如，医生可以利用AI提供更准确高效的诊疗方案；在制造业中，人类可以专注于复杂的任务，而机器人则去完成重复性的工作。超级个体还将加速科技进步，科学家和工程师可以利用AI处理大量数据以发现新科研成果，艺术家和设计师可以利用AI推动创意产业的发展。

最重要的是，超级个体的出现使每个人都有更公平的机会参与经济社会生活，有助于实现更公平、更包容的社会。AI可以帮助我们公平地获得资源和工具，让社会变得更加平等、包容，让更多的人有机会实现自己的梦想。

最后用迈克尔·杰克逊所说的一句话作为总结："让我们一起，让这个世界变得更好！"